作者简介

吴　健，跨湖桥遗址博物馆馆长、研究馆员，中国博物馆协会理事、中国博物馆协会史前遗址博物馆专业委员会主任。主持完成"勇立潮头——跨湖桥文化主题展"陈列布展工作，荣获第十八届（2020年度）全国博物馆十大陈列展览精品推介优胜奖和2021年度"弘扬中华优秀传统文化、培育社会主义核心价值观"主题展览重点推介项目。2014年主编的《跨湖桥独木舟遗址原址保护》被评为"全国文化遗产优秀图书"；2021年主编的《中国史前遗址博物馆》丛书（23册）荣获第五届中国出版政府奖提名奖。

缪
斯
M U S E
文库

本书由中国博物馆协会与腾讯基金会"腾博基金"资助

勇立潮头

Braving the Tides

跨湖桥遗址博物馆
"跨湖桥文化主题展"
策展笔记

吴 健 著

ZHEJIANG UNIVERSITY PRESS
浙江大学出版社
·杭州·

图书在版编目(CIP)数据

勇立潮头：跨湖桥遗址博物馆"跨湖桥文化主题展"
策展笔记 / 吴健著. —杭州：浙江大学出版社，2023.11（2024.8重印）
（中国博物馆陈列展览精品·策展笔记）
ISBN 978-7-308-23691-1

Ⅰ.①勇… Ⅱ.①吴… Ⅲ.①遗址博物馆－新石器时
代文化－历史文物－陈列－策划－萧山区 Ⅳ.
① G269.275.54

中国国家版本馆CIP数据核字（2023）第069805号

勇立潮头

跨湖桥遗址博物馆"跨湖桥文化主题展"策展笔记
YONG LI CHAOTOU: KUAHU QIAO YIZHI BOWUGUAN "KUAHU QIAO WENHUA
ZHUTI ZHAN" CEZHAN BIJI

吴 健 著

出 品 人	褚超孚
项目负责	陈 洁
策划编辑	张 琛　陈佩钰　吴伟伟
责任编辑	杨 茜
责任校对	闻晓虹
封面设计	程 晨
责任印制	范洪法
出版发行	浙江大学出版社
	（杭州天目山路148号　邮政编码：310007）
	（网址：http://www.zjupress.com）
排 版	浙江大千时代文化传媒有限公司
印 刷	杭州捷派印务有限公司
开 本	710mm×1000mm　1/16
印 张	15.5
字 数	224千
版 印 次	2023年11月第1版　2024年8月第2次印刷
书 号	ISBN 978-7-308-23691-1
定 价	88.00元

总　序

　　在社会主义文化强国建设的进程中，博物馆扮演着中华文明优秀成果守护者、传承者与传播者的重要角色。作为博物馆教育与传播的核心媒介，陈列展览成为博物馆守护文化遗产、传承中华文明、讲好中国故事的关键工作。好的陈列展览离不开好的策展工作。策展是构建陈列展览的过程，是通过逻辑和观念的表达，阐释文物藏品的多元价值，构建公众与遗产之间的对话空间，激发广泛社会价值与文化价值的思维和组织活动。博物馆策展的理论与实践水平，很大程度决定了陈列展览的思想境界、文化内涵、艺术品位与传播影响。因此，博物馆策展的学术研究和业务能力建设是提高博物馆陈列展览工作业务水平和影响效果的重要途径；某种意义上，也是促进我国博物馆事业高质量发展的关键所在。

　　"中国博物馆陈列展览精品·策展笔记"丛书的出版，正是源于对上述问题的思考。作为我国博物馆行业发展的协调者与促进者，中国博物馆协会长期致力于博物馆展陈质量建设和策展能力提升。在持续不断的摸索和实践中，许多博物馆同仁建议我们依托"全国博物馆十大陈列展览精品推介活动"，围绕一批业内公认的具有较大影响力与鲜明特色的获奖展览项目，邀请策展团队，形成有关策展过程和方法的出版物。在不断的讨论中，我们逐渐明确：这种基于展览策划的出版物，显然不同于博物馆中常见的对于展览内容及重点文物介绍的"展览图录"，而更适合被称为"策展笔记"。

　　所谓"策展笔记"，一方面，要聚焦"策展"的行动内容，也就是要透过展览看幕后，核心内容是展览从无到有的建设过程，尤其要重点讲述展览选题、前期研究、团队组建、框架构思、展品组织、形式设定、艺术表达、布展制作等当代博物馆展览策划的核心流程及相关体会。另一方面，要突出"笔记"的内涵风格。如果与记录考古工作的过程、方法与认识的"考古报告"相类比的话，"策展笔记"则是对陈列展览的策展过程、方法与认识的重点记录。与此同时，作为与"随笔""札记"等相似的"笔记"文体，也应带有比较强烈的主观性、灵活性和较高的自由度，宜以第一人称的口吻展开，重在呈现策展的心路历程与思考感悟，而不苛求内容体系的完整性与系统性；重在提炼策展的经验、理念、亮点，讲好值得分享的策展专业理论、专业精神、专业态度和专业手法等。我们相信，这样的"策展笔记"，不但可以作为文博行业了解我国文博系统优秀展览的"资料工具书"，也可以作为展陈从业者策展创新借鉴的"实践参考书"，还可以作为普通大众的"观展指南书"，帮助他们了解博物馆幕后工作，更好领略博物馆展陈之美。

　　丛书第一辑收集了2019—2021年度全国博物馆十大陈列展览精品推介的代表性获奖项目，覆盖全国不同地域，涵盖考古、历史、革命纪念等不同类型。由于缺乏经验借鉴，加之展览类型的多元性、编写人员构成的差异性等，在撰稿与统稿过程中，我们遇到了远超预期的挑战。这些挑战包括但不限于：如何平衡丛书的整体风格与单册图书的个体特色；如何兼顾写作内容的专业性特质与写作表达的大众性要求；如何将策展实践中的"现象描述"转化为策展理念的"机制提炼"，充分体现策展的创新点和价值点；如何实现从"报告思维"向"叙事思维"的转型，生动讲述策展的动人细节；如何在分析个案内容的同时对行业的普遍性、典型问题进行有效回应，发挥好优秀展览的示范作用；如何解决多人撰写所产生的文风不统一问题，提高统稿工作的质量和效率；等等。幸运的是，在各馆撰稿团队的积极配合下，在专家的有力指导下，我们通过设定指导性原则、确定写作指南、优化统稿与编审机制等途径，一定程度克服了上述挑战难题，基本完成了预期目标。

　　这套丛书的问世，离不开撰稿人、专家和编辑的辛勤劳动。我们衷心感谢北京鲁迅博物馆（北京新文化运动纪念馆）、中国人民革命军事博物馆、山西博物院、吴中博物馆、扬州中国大运河博物馆、杭州市萧山跨湖桥遗址博物馆、山东博物馆、湖北省博物馆、盘龙城遗址博物院、成都武侯祠博物馆、陕西历史博物馆、秦始皇帝陵博物院、和田地区博物馆等博物馆策展团队撰稿人的精彩文本。同时，我们衷心感谢南京博物院理事长、名誉院长龚良，复旦大学文物与博物馆学系主任陆建松，浙江大学艺术与考古学院教授严建强，北京大学考古文博学院教授宋向光，上海大学现代城市展陈设计研究院执行院长李黎，西安国家版本馆（中国国家版本馆西安分馆）副馆长董理，清华大学美术学院副教授李德庚等多位学者、专家的认真审读与宝贵的修改建议。感谢浙江大学出版社董事长、党委书记、总编辑褚超孚，以及社科出版中心编辑团队的细致审校和精心编辑，他们的工作为丛书的顺利出版提供了坚实的保障。浙江大学艺术与考古学院"百人计划"研究员毛若寒博士在这套丛书的方案策划、组织联络、出版推进等方面，用力尤勤，付出良多。此外，还有许多在本丛书筹划、编辑、出版过程中给予帮助的专家、老师，无法一一列举，在此谨对以上所有人员致以最真挚的感谢和敬意。

　　严建强教授在一次咨询会上曾对这套丛书给过一个很高的评价，认为它是当代博物馆专业化建设的一个重要的里程碑。对于这个赞誉，我们其实是有点愧不敢当的。我们很清楚，丛书第一辑的整体质量还有待提升，离"里程碑"的高度存在一定差距。但通过第一辑的编辑出版，我们为接下来的第二辑、第三辑的编写积累了经验、增强了信心。今后，我们会继续紧扣"策展笔记"作为"资料工具书""实践参考书"与"观展指南书"的核心功能定位，继续深化对于博物馆展览策展笔记的属性、目标、功能、内涵、形式等方面的认知，努力通过策展笔记的编写，带动全行业策展工作专业水平的整体提升。这虽然是一件具体的事情，但对构建博物馆传承与展示中华文化的策展理论体系和实践创新体系，推动博物馆守护好、展示好、传承好中华文明优秀成果，为博物馆事业的高质量发展、为建设社会主义文化强国

不断做出新贡献，是很有积极意义的。我们相信，有全国博物馆工作者的积极
参与，我们一定能把这套丛书做得更好，做成中国博物馆领域的著名品牌。

　　是为序。

刘曙光
中国博物馆协会理事长

目
录

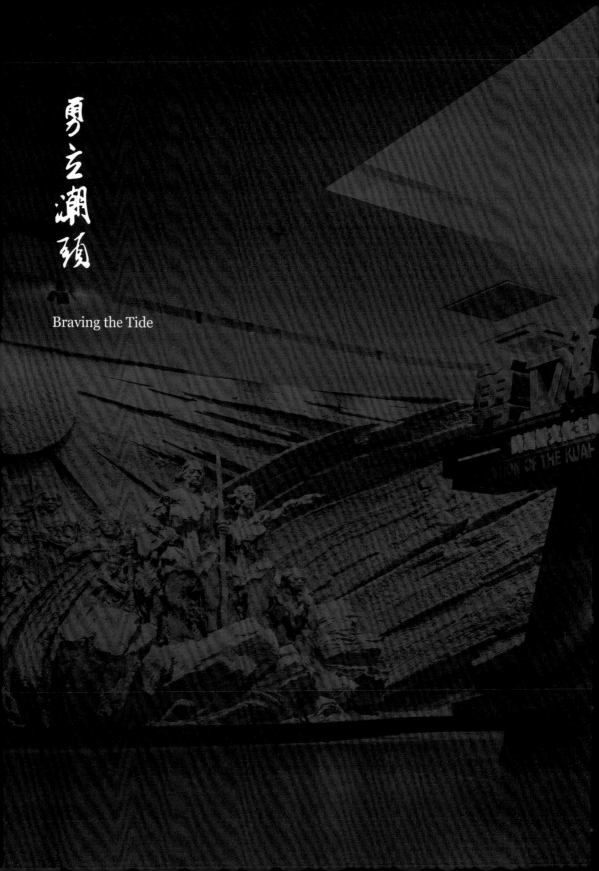

勇
立
潮
头

Braving the Tide

引　言

弄潮儿向涛头立

　　跨湖桥遗址博物馆坐落于杭州钱塘江南岸风景秀丽的湘湖国家旅游度假区，是一座综合反映跨湖桥遗址考古发掘和研究成果的史前文化专题博物馆。

　　遗址经过 1990 年、2001 年和 2002 年三次考古发掘，出土了大量骨器、木器、石器、陶器及动植物遗存，经碳十四测定，遗址年代距今 8000—7000 年，文化面貌独特，内涵丰富，被评为"2001 年全国十大考古新发现"，是浙江继河姆渡遗址之后取得的又一项史前考古重大成果。2004 年 12 月，跨湖桥考古学文化命名。2006 年，跨湖桥遗址博物馆及遗址公园项目立项建设。2009 年 9 月 28 日，博物馆作为庆祝新中国成立 60 周年重大文化项目落成并免费对外开放。

　　经过十年的展出，"八千年回首——跨湖桥遗址出土文物陈列"设施设备亟待更新，考古陈列材料需要补充。经过近一年的提升改造，2020 年 9 月，博物馆重新开馆。此次改陈在进一步梳理和完善跨湖桥文化脉络的基础上，充分吸收近年来浙江史前考古发掘新成果，凸显了跨湖桥遗址作为跨湖桥文化分布核心区的重要学术价值及实证浙江精神源起地的文化价值，彰显了浙江先民富有创造力的智慧力量。展览结合先进科技手段，融学术性、知识性和艺术性于一体，对遗址展示进行全面提升，达到学习、实践、探究的全方位传播效果。

　　史前遗址博物馆属于考古遗址专题博物馆的一种类型，此类博物馆陈列展示的特殊性在于其依托考古遗址的保护而存在，伴随考古研究的深入而发展，通过将考古发掘研究成果进行形象化表达，直观生动地向观众讲述遗址蕴含的历史文化，并与博物馆学研究形成了相辅相成、互相补充的紧密关系。1958年，我国在考古发掘的基础上建立了第一个史前遗址博物馆——西安半坡博物馆，实现了在遗址保护基础上的展示。随着我国文博事业的发展，史前遗址博物馆也步履蹒跚地走过了60余年的发展历程，逐渐成为博物馆体系中重要的组成部分。跨湖桥遗址博物馆作为典型的史前遗址博物馆，同样存在着依附于遗址本体及年代久远的客观属性，从史前遗址类型角度分析博物馆主题陈列策划过程，既要提升史前展览的可看性、感染力，又要兼顾遗址保护、内容阐释、工程管理等层面，或多或少会面对如下共性和挑战。

一、史前遗址主题展览的个性与共性

考古学是研究如何寻找和获取古代人类社会实物遗存，以及如何依据这些遗存来研究人类历史的一门学科。它的主要研究对象是古代人类活动遗留下的实物资料，是一个基于碎片化材料拼凑出古代社会文化图景的研究活动。考古发掘材料的丰富性及对其研究的深入程度，是决定我们是否具备构建古代人类生产生活全景的前置条件。可以说，考古发掘是认清遗址内涵和应对展览挑战的基础。中华文明探源工程等重大工程的研究成果，实证了我国百万年的人类史、一万年的文化史、五千多年的文明史。特别是对于文字出现之前的历史，考古学家只能通过史前遗址考古发掘的各类遗物、遗迹研究古代人类的衣食住行。每一个史前遗址都有一个特定的历史文化背景，蕴含遗址的时代特征、地理位置、自然环境及社会生活的诸多方面。

如果将各处遗址的情境放置到历史发展脉络中，就能够推演说明一个时代剖面的整体形象。

在遗址范围之内建立博物馆，是进行遗址保护、研究、展示、利用的最佳选择。博物馆专业人员在考古工作的基础上对出土文物进行进一步的梳理和挖掘，深入研究遗址蕴含的历史信息，从而为展览增强理论依据和知识储备。正如浙江大学文物与博物馆学教授严建强所说："所谓展览，是指从一系列时间、空间或内容上具有相关性的藏品中提炼出主题，然后根据这个主题对它们进行符合认识论审美要求的有机组合，构成一个能反映自然生活或社会生活某些事实、现象和规律的形象体系。"对于遗址博物馆，其优势在于较为清晰的主题与关联性较强的藏品。我们可以根据时代性、思想性与创新性轨迹，从内容设计的逻辑层面提炼出展陈主题思想，通过一定的序列和艺术组合，逐步实现内容与形式的统一，突出史前遗址博物馆的优势和特点，搭建连接遗址与现实的桥梁。

但如果在展示考古遗存、还原发掘现场过程中出现考古材料缺失、发掘工作不彻底等问题，那么往往会导致诠释展览内容的难度增加，从而使展陈推演证据不充分，逻辑关系过程无法闭环，最后的结果就是"看不懂、不好看"，观众面对一个个土坑不知所以。随着考古工作不断深入，考古资料日益丰富，对古遗址古文化的内涵揭示会日趋明朗，陈列主题也日益明朗。因此可以看出，史前遗址博物馆的陈列又是一种发展中的陈列，它的教育与审美两大功能是随着考古发掘的深入而不断强化的。

史前遗址博物馆另一个比较突出的问题是：如何对专业艰深的知识进行有效且有趣的传播？答案是必须将传播意识与观众体验放在第一位，引导和培养观众的观展习惯。因此我们提出以下四个应对原则：引领学习与自主探索同步，科学严谨与艺术美感统一，直观可视与想象空间兼顾，观展趣味性与价值观导向并重。

具体到操作层面，博物馆的展陈应当注重专业化和社会化，也就是要兼顾展示遗址与当时社会背景的联系，以及反映历史发展和变化的规律对当下社会生活和文化领域的影响。在坚持原址保护原则的基础上，以最小的干预最大限度地展示遗址、遗存。考古工作中的学术资料和科研成果是讲好遗址故事、增强遗址观赏性的重要基础。同时结合遗址地理环境的特点、文化内涵的丰富性、学术研究的成果、科技保护工作的开展及博物馆建筑特色的营造等，通过深入解读遗址的独特魅力，直观生动地向观众讲述遗址故事，传播大众知识和文化，拉近公众与历史的距离。

　　"跨湖桥文化主题展"紧扣"遗址原址保护"这一特点，以"勇立潮头"为主题，以"考古"为核心元素，用故事性叙事方式重构跨湖桥文化发展脉络。内容上，以遗址的发现与发掘和文化命名为初始，进而引入环境和遗址形成原因，以及跨湖桥先民在此安居乐业近千年的发展盛景。以物质文明到精神世界螺旋上升的展陈逻辑为故事线，积点成线，以线串面，展现跨湖桥先民的生活图景、技艺高度、信仰崇拜。在展品方面，此次改陈在文物选择上紧扣展览主题，先后从跨湖桥遗址、下孙遗址 4 次考古发掘品中，挑选了骨、木、陶、玉石器等各类具有代表性的文物 341 件，以物证史，充分体现展览"勇立潮头"的精神内涵。设计上，向观众呈现新石器时代的古拙感和雄健有力的原始韵味。景箱式的单元说明，灯箱式的组合标注，错层搭配的图文看板，构建了富有节奏感的主体传播系统。精巧的剪影装置、互动的体验展项等辅助手段构建起多层级的信息解读群。定制的展柜中，创新性的积木样式、精密制作的支架、全馆低反射玻璃的应用为观众提供最佳视觉效果。在关注细节的同时，做到设计语素严谨统一，以今见古，以古知今。

　　我们希望通过丰富展陈形式和构建大众传播语言，满足不同类型观众的观展诉求。通过新概念、新模式、新技术来打造时代精品，使展览极具个性化和感染力，避免"千馆一面"。

二、遗址保护与博物馆展览间的关系

　　遗址博物馆是考古工作者对遗址进行研究的保护机构，同样也是观众和游客参观遗址、与文物对话的平台。遗址和遗址博物馆之间是一种保护和展示相互依存的关系。博物馆只是整体遗址概念的一个部分，遗址及遗址中出土的文物具有独立的主体性。在藏品保护上，既要对可移动文物加以保护，同时还要强调对遗址本体的保护。因为遗址既是出土文物的载体，同时自身也是重要的藏品之一，是遗址博物馆赖以生存的基础。

　　对于遗址博物馆，其建筑形态是实现博物馆主题展览功能的重要手段之一。建立在遗址之上或邻近遗址环境的史前遗址博物馆对博物馆建筑的设计和营造提出了更高的要求，主要体现在馆址的无选择性、环境的适应性、建筑形式的制约性及参观条件的重塑性等。将遗址考古信息与博物馆建筑相结合，需要在建筑设计中使用遗址的文化符号，将遗址信息适度地转化为陈列语汇加以利用，进而形成史前遗址博物馆的建筑特色。跨湖桥遗址博物馆屹立在湘湖边，由遗址公园、水下遗址保护厅和博物馆建筑三部分组成。博物馆主体建筑呈现出"独木舟"的形态，与跨湖桥遗址出土亮点文物独木舟及"勇立潮头"的常设展览主题交相辉映，实现了内容和形式的统一，成为湘湖景区的"网红"打卡点。

　　遗址与博物馆的关系使遗址博物馆在遗址展示上要遵循以下几个重要原则：第一，将遗址保护作为第一要义。保护遗址安全是史前遗址博物馆的首要任务，要遵循最小干预原则，避免展陈施工对遗址造成破坏。针对不同类型遗址面临的保护问题，要为遗址定制保护方案，特别要注意如何在温度、湿度变化剧烈的情况下保证遗址本体周围环境的稳定，妥善处理"既要保护好，又要展示好"的矛盾。第二，将空间设计、展线组织与考古遗址环境相结合，尽可能为观众创造良好的参观条件，以更好地展示遗址信息和价值。史前遗址博物馆具有建筑空间依附于遗址存在的特殊性，首先要考虑观众参观流线的连续性，将博物馆参观和遗址现场衔接起来，尽可能让游客近距离欣赏到遗址遗存。其次要利用建筑空间的形态和氛围与展陈内容相呼应，让遗址遗存成为观众注意力的焦点。第三，展示好遗址原址保护这一特色亮点。在展陈布局上依据文物出土时分布状况进行原址展示，适度借助多媒体诠释、实验考古、艺术场景等辅助手段，应用少量与其时代、特点相近的展品，尽量衬托遗址的特色亮点。遗址区陈列必须坚持以遗址为主体，对遗址的时代背景、自然环境、具体内容、文化价值、历史沿革加以说明，从中揭示和深化遗址的文化内涵，带给参观者更丰富、准确、系统的知识。

史前遗址博物馆的展示功能可以有效地结合公共考古传播理念和实践，向观众较为直观地宣传文物保护理念，促使社会各界参与到遗址保护和博物馆建设中。史前遗址博物馆还必须结合属地进行地方文化的发掘和梳理，正确认识地域文化的源流、传承与发展脉络，激发当地民众的文化凝聚力和自豪感。

综上所述，史前遗址博物馆可以在科学保护考古遗址的前提下，通过"最小化干预，最大化展示"的可持续发展展示机制，统筹协调考古研究、遗址保护、社会文化、经济发展、民生改善等诸多方面的关系，做好做精遗址保护和宣传工作。

三、从"出土文物展"到"文化主题展"

　　跨湖桥遗址位于杭州钱塘江南岸的萧山。钱塘江是萧山的母亲河，萧山以钱江潮闻名于世。钱江潮又名"中国潮"，它赋予"萧山精神"鲜明的地域性和时代性，使"潮"文化成为萧山精神的根与魂。早在 2002 年 9 月 "钱塘江时代萧山人"主题教育活动中，萧山精神就被提炼概括为"奔竞不息，勇立潮头"。

　　2006 年 5 月 30 日，习近平同志在"浙江文化研究工程成果文库"总序中写道："浙江文化中富于创造力的基因，早早地出现在其历史的源头。在浙江新石器时代最为著名的跨湖桥、河姆渡、马家浜和良渚的考古文化中，浙江先民们都以不同凡响的作为，在中华民族的文明之源留下了创造和进步的印记。"显然，由"潮"而生，"奔竞不息、勇立潮头"，是萧山精神的集中体现，也是对"干在实处，走在前列，勇立潮头"的浙江精神的浓缩，具有广阔的时代象征意义。

　　围绕习近平同志提出的浙江精神的核心要义，展览从跨湖桥文化中提炼总结出"勇立潮头"主题。跨湖桥遗址作为浙江精神源起地的实证，跨湖桥人作为钱塘江的第一代踏浪人，最早彰显了浙江先民富有创造力的智慧力量，不仅有考古依据也有现实意义："从跨湖桥文化开始，亚洲大陆东南部新石器时代人类的活动中心从上游山地向河口平原转移，跨湖桥文化是河口平原型文化的开拓者。"展览主题"勇立潮头"不仅表明跨湖桥先民是亚洲大陆东南部第一支沿着河流从上游山地向下游平原发展的开拓者，奠定了浙江人"弄潮儿"的血脉，更是诠释了中华民族勇于探索与创新的精神根源，从历史站位、文化站位、政治站位讲述浙江精神、中国故事，增强文化自信与民族自豪感，对当代社会价值观起到导向和激励作用。

　　2009 年 9 月 28 日，跨湖桥遗址博物馆建成开放，基本陈列"八千年回首——跨湖桥遗址出土文物陈列"主题定位是单一遗址考古发掘成果展示。经过浙江考古工作者十多年的考古发掘，目前已经探明的跨湖桥文化分布涉及浙江杭州、绍兴、宁波、台州、金华、衢州等 6 个地市，目前遗址分布增加到 11 处。基于以上考古发掘成果，此次陈列提升改造重点突出跨湖桥遗址作为跨湖桥文化分布核心区和命名地的价值展示，在内容设计上，必须全新拓宽展览维度。"勇立潮头——跨湖桥文化主题展"陈列面积近 3000 平方米，展线约 600 米。博物馆依据遗址原址保护的要求和空间特点，将展陈分为主题展厅"勇立潮头"——展示跨湖桥文化研究成果、遗址厅"中华第一舟"——呈现考古现场原貌、第二课堂"部落学校"——提供主题教程和互动体验三部分。三者有机关联，构建集学习、探究、实践于一体的全方位立体化传播模式，完成从"出土文物展"到"文化主题展"的跨越式提升。

　　主题展厅紧扣故事脉络，从解密考古发掘开始，追踪跨湖桥先民的生产生活，领略跨湖桥文化的工艺技术高度，探究跨湖桥先民原始宗教与信仰，揭示跨湖桥文化分布范围，凸显跨湖桥遗址作为跨湖桥考古学文化命名地和核心区的重要学术地位。将跨湖桥文化的对外辐射及影响从浙江史前文化扩展至古代海洋文明，把浙江文明的起源和发展及其对人类的重大贡献更加清晰、全面地呈现出来，从而坚定文化自信、展现中国底气。

　　遗址厅在展示世界上最早的独木舟及相关遗迹考古发掘场景的基础上，增加了课题研究、科技保护、实验考古、世界独木舟文化等内容和知识点，突出跨湖桥先民制造独木舟与海潮相搏的史实和精神内涵，凸显跨湖桥遗址博物馆原址保护与展示的双重功能。

　　第二课堂活动室以古湘湖生态环境为空间背景，采用卡通化的表现语言，以跨湖桥文化亮点为创意基础，设计"采摘果实""弓箭狩猎""骨耜／木铲""知识问答""收拾厨房""陶器修复"等 6 项互动体验项目；更以透明隔断划分专题课堂与教学区域，达到学习与体验同步发展、彼此促进的作用，有利于激发少年儿童学习兴趣，提升文化素养，培育家国情怀。

四、学术研究成果可视化的积极探索

史前遗址类博物馆，尤其是新石器时代早期的遗址类主题陈列，都要面对展品如何解读等客观难题。本次展览除原址保护的独木舟外，其他的骨木石陶等文物体量较小，动植物标本残缺不全，陶器是文物展示主体但完整器极少，彩陶图案不明显，绝大多数为修复品。遗址保护展示以土体为主，专业性强、可看性不强。这些因素导致展品对普通观众缺乏吸引力，观众会因为不理解内容而对展陈缺乏兴趣，不利于信息的获取与传播。

面对以上问题，经过前期与专家的多次探讨，我们确立了以视觉吸引为突破口、学术研究成果可视化为路径、展示手法"唱大戏"的基本思路。为了使展览能满足多层级受众的观看需求，尤其是向青少年观众倾斜，我们进行了一些目标前置规划。由于建筑的空间形态好坏与展览特定气质的达成有着直接关联，因此我们首先考虑了如何利用建筑现有条件规划展览空间。

利用博物馆建筑本身的特色与优点，我们本次改陈的三个展厅设立于不同的标高维度上：第二课堂"部落学校"位于 0 标高，"勇立潮头"主题展厅位于 4.65 米标高，遗址厅位于负 7.15 米标高。"第二课堂"空间较小，但其特点是由厅内往外可以看到湘湖优美的自然风光。遗址厅是直径 40 余米、高 10 米的锥筒形大空间，由一层博物馆下行经遗址通道进入，令人感觉豁然开朗，而处于湘湖水下的特殊位置更是让观众感觉新奇和神秘。我们利用遗址厅筒形空间追求环绕式环境，在环绕参观遗址的过程中，观众可以看到考古发掘、独木舟遗存、科技保护和实验考古等内容，与遗址现场环境高度契合，可以获得身临其境的体验。

与大多数展厅地面、顶棚水平标高不变的情况不同，"勇立潮头"主题展厅内部是一个逐级升高的物理空间形态。这种空间形态特征可以让观众在观展时因为视角与视域的不断变化，产生不同的视觉感受与心理体验。我们就是要充分利用建筑原有的空间特征并强化这种变化，达到在大的空间变化中寻求各单体空间的语素统一，在各单体语素统一的基础上追求视觉感受变化的效果。在主展厅 1200 平方米的空间中，最高处 8 米，并具有多个标差，我们采用了裸顶形态，追求空间高度的最大化，希望通过搭建不同高度的展示墙体，利用上、中、下展示面的变化，使观众在平视、仰视、俯视的视线交替变化中体验展览。

接下来我们就 "学术研究成果可视化"这一前置目标，从 8 个方面进行了积极探索，让展览更具传播性。

（1）文字表现通俗化，理解更便捷，表述有温度。将专业学术内容以实物、场景、照片、图表、雕塑、模型、绘画等形式进行通俗化转换，在展陈语言通俗易懂的基础上，力求展示手法直观生动，降低观众获取信息的门槛，让展览传播效益最大化。

（2）文物展示量身化，呈现更得体，观展零距离。根据文物体量与特点，我们定制了五大类、九种形态的展柜穿插使用，全馆采用低反射玻璃和恒温恒湿设备。此外，针对每一件文物最佳的观察角度量身打造支架，既凸显文物价值，又确保文物安全。

（3）推论假定情景化，学术有依据，情节更饱满。展陈运用多种情景化展项与辅助展品打造可视化传播模式。涉及自然环境、文物解读、生业形态等方面的所有信息都依据考古发掘的真实情况和最新的学术研究成果进行展现。对未有定论的内容则秉持"大胆推测、小心求证"的学术精神，杜绝臆造与歪曲。

（4）古今内容关联化，与现代比对，诠释更精准。搭建史前考古知识与当今社会生活的关联，用现代视角理解史前文明。例如重要文物"甑"，是利用蒸汽烹饪食物的炊器，可谓现代蒸锅的鼻祖。设计动画视频，展现从甑到蒸锅的演变过程，精准诠释文物功能与价值，体现跨湖桥文化的先进性。

（5）展项造型艺术化，视觉有冲击，传播更有力。例如围绕展览主题"勇立潮头"，将"潮"和"舟"作为视觉造型语言基本元素。独木舟形展台、桨形标题板、浪潮浮雕等紧扣主题，极具艺术表现力。

（6）展示手法创新化，光语言助力，空间有情感。此次改陈不仅在内容策划和陈列语言上精心打造，光语言更是首次被提升到专项设计的高度。展览照明设计层次丰富，根据空间变换调整照度值，营造舒适轻松的视觉氛围。展柜内依据文物不同的材质设置照度，基本达到见光不见灯的效果，在保护文物的同时增加了展陈的节奏感和空间的情绪感。

（7）内容表现组团化，表达多线性，传播有层次。展览将文物陈列、图文版面、互动平台与辅助展示手段在同一空间内有机关联，从视觉、听觉、触觉等多维度组团展示，达到分级传播与强化记忆的目的。

（8）器物工具实操化，动脑又动手，探索又体验。设置参与类文物仿真互动装置，鼓励观众自发探索，尤其是鼓励青少年主动参与体验，在学习中探究、在快乐中收获。

此外，展览还在建设过程中对空间设计的"随类附彩"理念加以执行，把握展览的总体现代感。我们对于空间总体上采用虚隔断处理，营造展陈内容和段落之间的呼吸感和节奏感。充分利用原建筑斜坡，合理规划上下过道，使其发挥衔接内容与调节观展情绪的作用。不同高度的展区以平缓的坡道连接，展台配置安全扶手，无障碍设计充分体现人文关怀。金属与玻璃等材料与远古遗存形成强烈对比，营造极具现代感的氛围，与史前遗址产生时空对话语境。

五、展览工作的总结和思考

　　从立项、策划到施工，本次陈列提升改造遇到了诸多困难，有多年来悬而未决的考古发掘文物移交问题，有新技术新材料的反复试验摸索，更面临新冠病毒感染出现后需要边抗疫边施工的意外考验。好在经过团队不懈努力，最终达成了预期目标，展览在开幕后受到了社会各界的好评，引发了人们对史前遗址博物馆的关注，赢得了前所未有的社会反响。我们总结和回顾博物馆工作中的得失，希望为同行积攒经验和提供参考。

　　第一，学术研究支撑起展览内容的深度。从 2009 年开馆伊始，博物馆每年都举办跨湖桥学术研讨会，至 2020 年已是第十二届，学术研究成为跨湖桥遗址博物馆的工作亮点。研讨会紧紧围绕遗址原址保护和跨湖桥文化研究两大主题，从史前文化、舟船文化、彩陶文化、早期玉文化和土遗址保护、木漆器脱水等方面进行研讨，发掘跨湖桥文化的内涵，打造跨湖桥文化金名片。展览突出展示了遗址考古发掘出土的重点文物，有目前世界上最早的独木舟、世界上最早的漆弓、中国最早的水平踞织机、中国最早的慢轮修整陶器、中国最早的草药罐、中国最早的甑、中国南部最早的玉器、中国南部最早的家猪下颌骨等历史之最，凸显跨湖桥遗址作为跨湖桥文化核心区的重要学术价值及浙江精神源起地的实证依据，并以知识点提问和链接引发观众思考，增加知识性、趣味性、参与性，达到"好看、好玩、好懂"的目的，满足各类观众的观展需求。

　　根据国家文物局对跨湖桥独木舟遗址原址保护可行性方案的批复要求，博物馆先后完成了土遗址加固工程、防霉防菌工程、疏干排水地质工程和独木舟及木构件脱水工程。博物馆还积极申报课题，提升土遗址的科技保护研究能力，顺利完成了"跨湖桥独木舟遗址微生物综合防治研究""跨湖桥遗址潮湿环境综合保护技术效果监测""独木舟修补黏合剂等痕迹检测"等文物保护科技项目。这些遗址保护工程的实施和科研课题的深入及跨湖桥水下遗址原址保护监测数字化的实现，为陈列改造提供了翔实的学术研究资料。

第二，实现原址保护与展示的双重功能。遗址厅由原先的文物本体价值展示，提升为集十多年学术研究成果、四次考古发掘、四大科技保护工程、两次实验考古、一个独木舟原址保护核心区等内容的全新展示空间。在此过程中，我们遵循"最小化干预，最大化展示"的原则，凸显遗址原址保护与展示的双重功能。这些遗址保护实施过程和科研成果的呈现，彰显了博物馆的文物保护力度，提升了展览内容的可看性。

第三，多形式增强信息传播力度。展览在制作过程中运用多媒体数字技术制作创意展项 28 项，根据内容需要创作雕塑绘画艺术品、景观模型场景、光影艺术装置等体验类辅助展项 44 件（组），丰富了展陈形式和内容，满足了不同类型观众的观展诉求。例如"独木舟制作流程"微缩场景展项，以雕塑手法分步展示独木舟的制作过程，直观展示独木舟制作工艺与水平。此次改陈为避免考古专业词汇的生涩，特意邀请博物馆学专家在陈列大纲的基础上对上墙文字进行传播语言的转换。展览文字包含四个层级：版面文字体现展览内容架构；辅助内容起补充细化作用；知识点链接提供延伸及思考方向；文物说明牌介绍文物本体。三级标题内容采用中英文双语，力求准确扼要、通俗易懂，力争最大化地传递有效信息。

第四，高新科技突破展示边界。"勇立潮头——跨湖桥文化主题 VR 虚拟展览"作为传统实体博物馆的延伸和拓展，结合现代网络数字技术等多种先进技术，突破了时间、空间的束缚，提供生动、逼真的景象及文物展示，除了视觉震撼外，更多的是信息交流的高速和便利，成为观众"穿梭时空"的利器。"8000年前的古湘湖生境"综合媒体展项，将飞屏技术、裸眼 3D 技术与幻影成像技术进行整合，使考古发掘的动物骨骼残缺标本通过数字技术活态化再现。"部落学校"中"收拾厨房"互动展项，以卡通风格多媒体游戏与实物复制品相结合，激发青少年动脑又动手的学习热情，增强未成年人对史前文化器物外形功能与用途的认知。

此外，按照浙江省文物局对展陈方案专家论证会的要求，2023 年我们还将启动室外遗址公园"勇立潮头"主题雕塑建设。雕塑高 8 米，采用全铜制作，与跨湖桥文化主题展内外互动，是展览的外延，对于跨湖桥遗址实证浙江精神中"勇立潮头"文化内涵的表达将起到画龙点睛的作用。文化是一个国家、一个民族的灵魂。博物馆作为一种特殊的社会文化教育服务机构，是一个国家、一个民族历史文化和现代文明的形象代表。随着人类文明的发展与进步，博物馆逐渐成为人们寻求历史文化知识的最佳场所，博物馆的展陈形式和社会功能也在不断被赋予新的内容。希望跨湖桥遗址博物馆的大胆探索和尝试，能为中国博物馆展陈的发展起到抛砖引玉的作用。

勇立潮头

Braving the Tide

导览

欲识潮头高几许

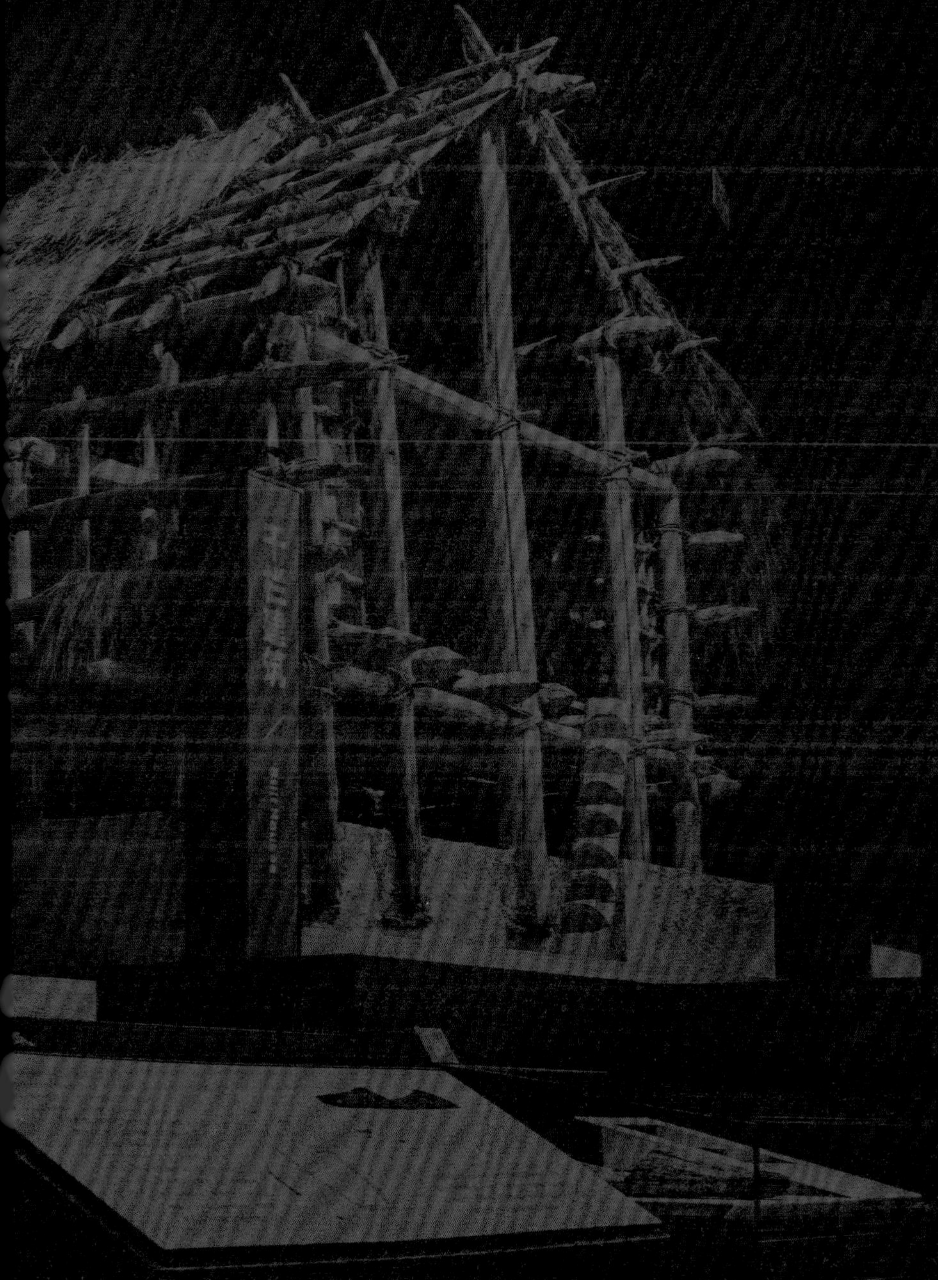

一、展览内容简介

（一）展览主题

经过深入研究与准备，我们在原陈列"八千年回首——跨湖桥遗址出土文物陈列"的基础上，全新打造"勇立潮头——跨湖桥文化主题展"。

在主题上，新展是相较原展览陈列的一个明显升级，明确了"文化展"的定位。原展览主题落脚在"考古发掘成果展"，更倾向于成果展示的"文物展"。而经改陈后的全新展览在主题上发生了从文物展到文化展的转变，这实际上是视角的转变。我们不再拘泥于单件或多件重点文物的介绍，而是力图"以一斑而窥全豹"，在充分吸收浙江史前考古研究新成果的基础上，进一步梳理和完善跨湖桥文化脉络，以更为宏观、更为联系的视角探究文物背后所展现的8000年前跨湖桥先民的生活图景。

习近平主席在2016年G20杭州峰会上高度概括了"干在实处、走在前列、勇立潮头"的浙江精神。而早在8000年前，跨湖桥先民就在钱塘江边刳木作舟、剡木为楫，走出家门，探索波涛汹涌的神秘大海。历经千年风霜留存下来的这条世界上最早的独木舟，正是跨湖桥"弄潮儿"精神的生动体现。以"勇立潮头"为题，不仅是对跨湖桥先民精神的高度总结和赞扬，凸显跨湖桥遗址作为浙江精神源起地的实证，更是一种传承和弘扬。

（二）展览大纲

经过对建筑原有基础的综合考量，我们依据展陈需要将基本陈列划分为主题展厅、遗址原址保护厅和部落学校（第二课堂）三个主要部分。

1.主题展厅

主题展厅由"湖底的遗址""生活的画卷""创造的艺术""信仰的力量""文明的交融"等五个单元构成，紧扣主题和故事线脉络，融考古研究成果于故事情节，提问贯穿展厅始终，给予参观者思考与想象的空间，力求使观众拥有仿佛穿越到故事中的参与感。

此次改陈大量增加了文物的类型和数量，挑选具有代表性的考古发掘品341件，按照从物质到精神螺旋式上升的展陈逻辑故事线，以线成面，展现跨湖桥先民的生活图景、技艺高度和精神信仰，体现"勇立潮头"的精神内涵。

（1）湖底的遗址

钱塘江畔，湘湖深处，曾有一段距今8000年的灿烂文化被海潮封存于此（图2-1）。经过三次考古发掘，跨湖桥文化与跨湖桥先民的故事被逐渐揭开，日益丰富，跨湖

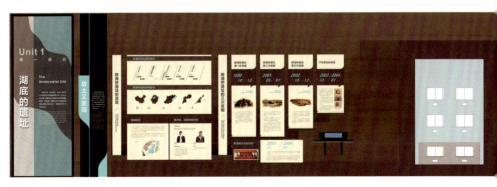

图2-1　第一单元：湖底的遗址

桥文化作为中国东南沿海地区史前文明的代表之一，曾经珠沉沧海，如今重见天日。

①故土又重现

湘湖地处钱塘江之抱、杭州湾之哺，因山秀而疏、水澄而澈得名湘湖。连接湘湖东西两岸的石桥，称为跨湖桥。2004 年，跨湖桥文化这一崭新的考古学文化概念诞生，标志着湘湖这块先民们曾经生活过的故土，开启了崭新的历程。

②来去山海间

跨湖桥先民 8000 年前从山地向河口平原转移，在河口地区生活千年，最终因为灾难性的海侵而选择离开。钱塘江口的特殊环境成就了跨湖桥文化，却也终结了它。跨湖桥先民对人类生存的探索实践告诉今天的我们，他们是人类从山地走向河口平原的勇者，更是正视人和自然关系的智者（图 2-2、图 2-3）。

（2）生活的画卷

跨湖桥先民在古湘湖谷地营造了依山傍水的村落，他们划分生活区域，建造干栏式建筑和石子路；他们分工合作，男人用弓箭射飞禽走兽、用长矛刺杀河鱼、用飞石长棍围歼牛鹿，女人采摘树上的坚果、水果和湖边的野菱、芡实。他们甚至还会饲养家猪，利用蒸汽制作熟食。跨湖桥先民饱含生活热情与生存智慧，为世人绘出了一幅淳美的原始生活画卷（图 2-4）。

①河谷村落

跨湖桥遗址属于古村落遗址，与下孙遗址等组成古湘湖聚落。村落沿狭长的古湘湖谷地分布，背山面水，环境宜人。考古发现的土木结构房舍、石子铺成的道路和湖岸、土台等遗迹，还原了远古村落的整体风貌（图 2-5）。

②农耕生活

稻作农业对人类历史的意义十分重大，跨湖桥遗址发现丰富的稻米遗存、农业耕作和水稻加工用具，证明了跨湖桥先民已经掌握耕耘、收割、脱粒等一系列较完备的农耕体系。跨湖桥文化有力地佐证了中国作为世界三大农业起源

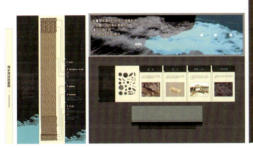

图2-2　第一单元：湖底的遗址——来去山海间（上）
图2-3　第一单元：湖底的遗址——海水淹没的家园（下）

图2-4　第二单元：生活的画卷（上）

图2-5　第二单元：生活的画卷——河谷村落（下）

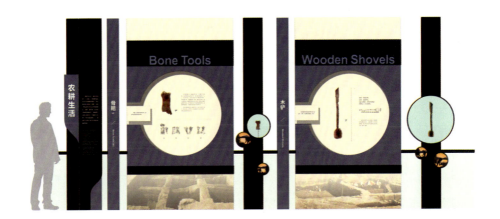

图2-6 第二单元：生活的画卷——农耕生活

地之一，拥有悠久的农业历史与发达的稻作文明（图2-6、图2-7、图2-8）。

③渔猎采集

采集和狩猎是跨湖桥先民主要的生存方式。跨湖桥遗址出土了丰富的动植物遗存，甚至部分海洋生物也成为跨湖桥先民的食物。遗址出土的浮标、骨镞和弓箭，证明了当时已经出现渔猎采集活动。食物窖藏的发现，证明跨湖桥先民已经学会储存食物，为度过食物短缺的季节做准备。

④炊煮蒸烤

跨湖桥先民的日常饮食品种多样、营养丰富，不仅有主食类的稻米和植物果实，还有肉类、蔬菜和河鲜。他们对于不同的食物采用了各异的烹饪手段，如直接炙烤肉类，用釜炊煮杂食，甚至还发明了甑用以蒸制稻米与糕饼。遗址出土的炊具与食物遗存，无一不体现出跨湖桥先民精湛的食物加工技术。

⑤原始医药

疾病控制和治疗，从传说时代的神农氏就开始了。而在传说时代之前的跨湖桥

图2-7 第二单元：生活的画卷——稻穗收割（左）
图2-8 第二单元：生活的画卷——渔猎采集（右）

遗址，发现了中国最早的"草药罐"和疑似的针灸用具。跨湖桥先民在长期生活实践中，学会了利用动植物的特性来治疗身体的病痛，原始医药开始萌芽（图2-9）。

（3）创造的艺术

敲打石器与砍斫木器的声响，叩开了工具制作的大门。从骨角切割、皮毛缝缀到搓绳纺线、用踞织机织布，跨湖桥先民拉开了原始纺织的序幕。巧妙的制陶工艺和精美的陶衣纹样，来自分工细致的制陶作坊。漆弓的出土开拓了人类对天然漆使用的新认识。非同凡响的创造精神，是跨湖桥文化最鲜明的特色。

①石器玉器

跨湖桥遗址出土的石器品种多样，主要有锛、斧、凿、镞之类的生产和狩猎工具，以及璜形装饰品等。石器工艺基本采用打、琢、磨、抛光的方法，遗址出土的磨石证明了跨湖桥文化的石器已经进入成熟的磨制石器阶段。玉璜的

图2-9　第二单元：生活的画卷——原始医药

出现更是展现出跨湖桥先民精湛的钻孔技术和对美的追求（图2-10）。

②骨角之作

狩猎活动产生了大量的动物残骸，其中的大型动物肢骨、肩胛骨和鹿角等，往往被人们利用，加工成各种各样的器具。跨湖桥文化骨器的切割、钻孔技术已经十分发达，磨光技术的应用更是普遍。最能体现跨湖桥骨器精细程度的，是骨针尾端仅1毫米孔径的钻孔，如此高超的加工技术使人惊叹。

③木器与漆

木头是最早被人类认识和利用的自然物质之一。跨湖桥先民对木器的选材十分讲究，知道使用木心可以防止木器开裂，还能利用漆的特性对木器进行装饰和修补，甚至制造出了世界上最早的独木舟之一，说明跨湖桥先民对自然界物质的认识与利用已经达到相当高的程度（图2-11）。

④陶与陶轮

跨湖桥先民的才智，集中体现在器物制作上，而陶器更展现出令人难以置信的造型艺术与技艺高度。跨湖桥遗址出土的陶器极其精美，源自跨湖桥先民分工细致的制陶作坊和慢轮修整技术。多样的器型、彩色的陶衣、精细的纹样和新颖独特的黑光陶，折射出跨湖桥先民对器物较为成熟的制作技艺和审美观念（图2-12、图2-13）。

⑤皮毛纺织

人类遮衣蔽体，起初直接用草叶兽皮，后来慢慢学会采集野生葛、麻和鸟兽羽毛进行编织，制成粗陋的衣服，由此发展出编织、裁切、缝缀技术。跨湖桥遗址出土的线轮、纺轮、骨针等缝纫工具，以及迄今发现的最早的踞织机，证明跨湖桥先民已经拥有了原始纺织缝纫技术，穿上了用兽皮和麻布制成的衣服（图2-14）。

（4）信仰的力量

跨湖桥先民从对自然的认知中，创生出了朴实真切的审美追求和原始神秘

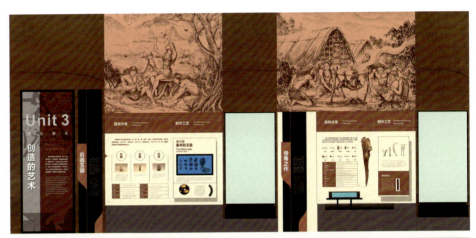

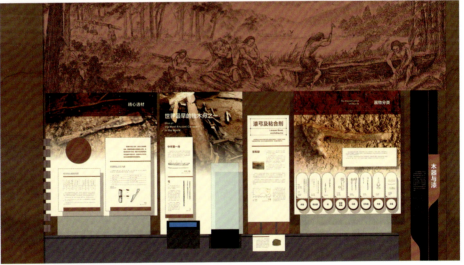

图2-10　第三单元：创造的艺术——石器玉器+骨角之作（上）

图2-11　第三单元：创造的艺术——木器与漆（下）

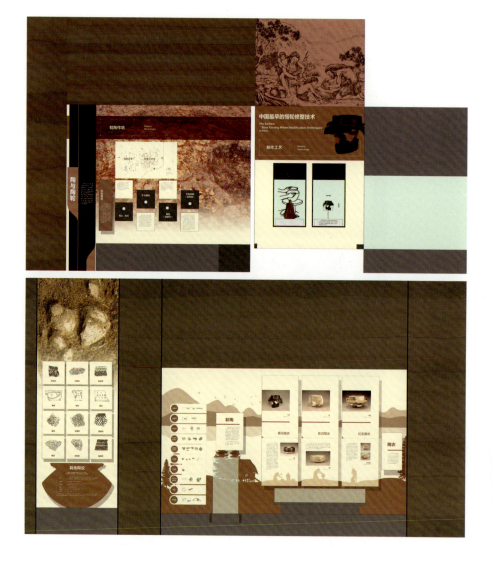

图2-12　第三单元：创造的艺术——陶与陶轮（上）
图2-13　第三单元：创造的艺术——陶纹与彩陶（下）

图2-14 第三单元：创造的艺术——皮毛纺织

的精神信仰。跨湖桥文化的器物装饰图案中，不仅有具象的太阳彩绘和火焰纹，还出现了抽象的太阳纹与数卦图案（图2-15）。而"数卦"的发现，证明数的概念和占筮记事的现象在跨湖桥时期已经存在。

①"数卦"刻符

在物质生活方面的发明创造之外，跨湖桥先民也努力在抽象世界寻求拓展和超越。"数卦"是一种以数字为表现形态的卦，即记录蓍筮占卜的数字卦象。跨湖桥遗址出土的鹿角和木锥上的刻画符号，是目前国内考古学界见到的最早可能与数卦有关的符号类型（图2-16）。

②太阳崇拜

太阳是人类遥远又熟悉的自然存在，它的光与热，是生命的源泉，也是原始宗教敬畏意识的来源之一，这种意识最后发展成为太阳崇拜。跨湖桥文化中，太阳崇

图2-15　第四单元：信仰的力量（上）

图2-16　第四单元：信仰的力量——"数卦"刻符（下）

图2-17　跨湖桥遗址出土的太阳纹彩陶

拜意识已经出现。在跨湖桥文化器物的装饰图案中，最具辨识度且重复出现率较高的就是太阳纹（图2-17）。

③火的祭祀

跨湖桥先民对太阳的崇拜源自尚火的观念，而尚火的精神形成于长期与水患相抗的成长历史中。他们将对火的热忱以艺术化的形式呈现在彩陶图纹上，以祭祀的方式体现在日常生活中。

④万物有灵

万物尽然，而以是相蕴。跨湖桥先民的智慧，蕴藏于一件件器物中，贯穿在一个个瞬间里。丰富超前的精神世界，却有着坦率至纯的表达，正是跨湖桥文化的卓绝之处。

（5）文明的交融

跨湖桥文化上承上山文化，下启河姆渡文化，在浙江史前文化谱系中有明确而不可忽视的地位。跨湖桥遗址的发现，打破了原有浙江新石器时代由钱塘江以南的河姆渡文化、钱塘江以北的马家浜文化构成的二分体系，从而建立起浙江区域文化的多元新格局，将深入研究中华文明起源推向更高的层次（图2-18）。而跨湖桥文化所代表的中国古代海洋文明，也给人类文明史留下了深远的影响。

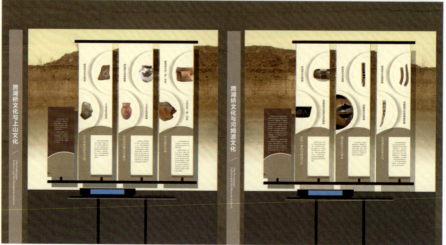

图2-18　第五单元：文明的交融（上）

图2-19　第五单元：文明的交融——跨湖桥文化与上山文化、河姆渡文化（下）

图2-20　第五单元：文明的交融——浙江新石器文化的演变趋势

①跨湖桥文化在浙江史前文化谱系中的位置

跨湖桥文化来源于何处，又最终归于何方？考古研究发现，跨湖桥文化继承了上山文化中的文化关键因素，同时也与河姆渡文化有着密切的关联性（图2-19）。

②浙江新石器文化的演变趋势

浙江新石器时代不同时期遗址，呈现一种从上游山地向下游平原、从较高海拔向较低海拔的分布趋势（图2-20）。跨湖桥文化遗址位于丘陵平原过渡地带，是第一支沿着河流向下游河口地带发展的文化分支，并在河口地带达到文化的繁荣，是平原型文化的开拓者，为后来的浙江史前文化发展指引了方向。

③跨湖桥文化对其他地区及文化的影响

跨湖桥文化的发现，不仅改变了浙江史前文明的原有格局，还为浙江以外的其他文明的研究与再认识提供了新角度（图2-21）。跨湖桥文化在长江中游、淮河流域甚至遥远的南太平洋诸岛，都留下了它的印记。

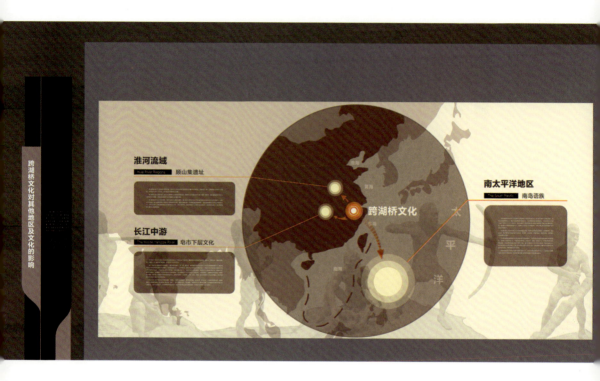

图2-21　第五单元：文明的交融——跨湖桥文化对其他地区及文化的影响

（三）遗址原址保护厅

1.跨湖桥遗址考古发掘回望

　　从 1990 年到 2002 年，跨湖桥遗址经历了跨越十二年的三次考古发掘（图2-22、图2-23）。伴随着遗迹与遗物的不断出现，跨湖桥文化的面貌渐渐清晰。回望跨湖桥遗址的发掘历史，我们可以领略考古学家的上下求索的精神，感受沧海桑田的时间的力量。

2.独木舟遗迹考古发掘现场

独木舟被发现于村落东南边缘、靠近水域的湖滩上，周围散布有木料与工具（图2-24）。独木舟与相关遗迹的出现，是三次考古发掘中最大的收获，它引起了国内外专家的广泛关注，也为后续的学术研究提供了重要的依据。

3.独木舟遗址的学术研究

跨湖桥遗址发现的独木舟，从年代的久远、制作的工艺技术、保存的程度几个方面看，在中国是具有唯一性的，在亚洲是年代最为古老的，在全世界也是罕见的。它是中国海洋文化的代表性器物，也是打破了黄河是中华文明唯一摇篮定势的最有力的证据，具有重大学术价值（图2-25）。

4.跨湖桥遗址保护

2005年8月，跨湖桥独木舟遗址原址保护规划通过国家文物局评审，规划包括了遗址保护的四项工程。为了更好地对遗址进行长期保护与研究，我们于原址处建造了跨湖桥遗址博物馆，2009年9月28日正式开放（图2-26）。

5.领先世界的海洋文明

跨湖桥独木舟遗存，反映出浙江沿海地区是我国航海文明主要发祥地之一。而古代独木舟、桨与石锛工具等，早已从中国沿海走向大洋，对世界文明的交流产生了极大影响，是领先的古代海洋文明之一（图2-27）。

图2-22　第一单元：考古大事记（上）
图2-23　第一单元：遗址相关报道（下）

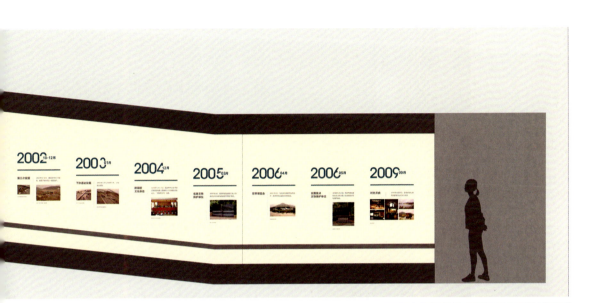

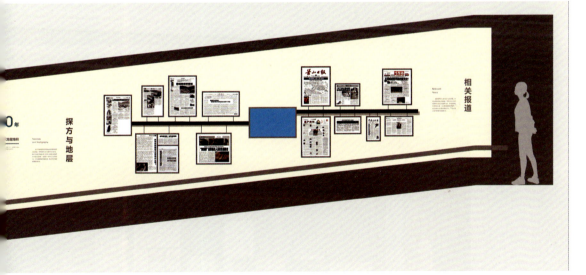

图2-24   第二单元：独木舟遗址考古发掘现场（上）
图2-25   第三单元：独木舟遗址的学术研究（下）

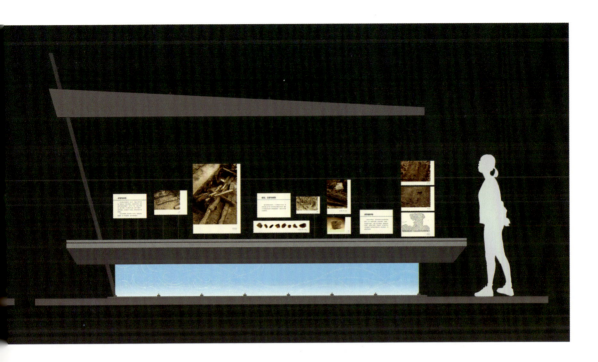

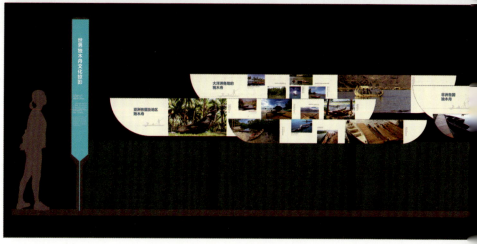

图2-26　第四单元：跨湖桥遗址保护（上）
图2-27　第五单元：领先世界的海洋文明——世界独木舟文化掠影（下）

（四）部落学校（第二课堂）

第二课堂分为"中华第一舟"主题课程教室与互动体验区。主题课程教室除课堂区外，还设有家长伴读区，既保障孩子们的安全，也能使家长和孩子共同参与到学习中。互动体验区基于真实的考古与文化研究成果，设计了相关知识点问答游戏和趣味互动的体验装置，例如采摘游戏、多人狩猎游戏、考古文物修复游戏、骨耜木铲使用游戏和"一顿晚餐"工具选择互动游戏，通过实操与体验来加深观众对跨湖桥文化的认知。

（五）重点文物

1.独木梯

跨湖桥遗址出土的独木梯由松木劈半制作而成，圆面斜劈横斩出踩足阶面，残留三个台阶（图2-28）。独木梯是一种原始的登楼阶梯，一般斜置于房内或外侧，无扶手，沿梯木逐级上爬。虽然跨湖桥遗址的木构房屋没有留下确定的梁架构件，但通过独木梯可以猜测当时的建筑应该是架空式的干栏建筑。

2.小孩头盖骨

跨湖桥遗址只发现了一座小孩的墓葬，出土了一块小孩头盖骨（图2-29）。这座墓葬没有确定的墓坑，也没有随葬品，底下填一块木板，可见处置比较随意，被埋在村落中间的房子边上，没有资格进入氏族公共墓地，这恰恰证明了氏族墓地的存在。

图2-28　独木梯（上）

图2-29　小孩头盖骨（下）

图2-30 骨耜

3.骨耜

"骨耜"是耒耜的原始形态，适合在沼泽环境中翻土耕种。跨湖桥遗址出土的骨耜共4件，均为插入式装柄，与河姆渡的捆扎装柄不同（图2-30）。但在器刃的磨损方式上，跨湖桥骨耜和河姆渡骨耜都分平刃和双刺刃两种，说明两地出土的骨耜用途是一致的。

4.木铲

据推测，木铲的功能为耕地、铲土。遗址出土的木铲多为残器，尤其是铲柄的长度无法复原（图2-31）。从功能来看，应当与沟洫有关，这反映出当时已经出现了初步的水稻"田间"管理。

5.锯齿形骨器

跨湖桥遗址发现的锯齿状骨器，很有可能就是跨湖桥先民收割稻穗的工具（图

图2-31　木铲（左）
图2-32　锯齿形骨器（右）

2-32）。遗址中曾出土一小捆较整齐摆置的带穗稻禾有十余根，下端未及根部，是在稻秆的中段割断，这可以说明跨湖桥古人已经通过锯齿形骨器来收割稻穗，且已不是简单地割穗，而是与现代从根部收割的方法一致。

6.稻米

跨湖桥遗址出土的古稻是继河姆渡遗址稻作遗存发现以来在长江下游地区发现的最早的稻作遗存，因此在深入研究稻作农业的起源、进一步认识古稻的生物学特性及其演化方面具有重要的意义（图2-33）。

7.猪下颌骨

野猪在被驯化为家猪的过程中，下颌骨缩短，牙齿特征弱化，易形成齿列扭曲不整齐的错齿现象。这例出土于跨湖桥遗址的猪下颌骨是中国长江以南地区迄今为止发现最早的家猪遗骸（图2-34）。

图2-33　稻米（左上）
图2-34　猪下颌骨（右上）
图2-35　木浮标（左下）
图2-36　骨镖（右下）

8.木浮标

出土的浮标材质为木材，两端有明显的凹槽（图2-35）。木浮标的发现十分重要，它说明跨湖桥先民已经学会用网捕鱼。浮标的作用是用浮力牵拉渔网的上部，下部则用网坠下沉，两者结合使之张网捕鱼。

9.骨镖

跨湖桥先民的渔猎方式，大致可分为射杀、刺杀、网捕三种方法。鱼镖，是对鱼类进行刺杀的工具。这件骨镖由动物骨骼制作而成，表面光滑，器型相对完整，有尖锐的顶部，两侧有倒刺，在增加杀伤力的同时，大大减少了猎物逃脱的可能（图2-36）。

10.陶甑

中国是世界上最早使用蒸汽烹饪的国家，而甑就是一种用蒸汽法做熟食的炊具。跨湖桥遗址出土的甑敞口、鼓腹、圆底，底部有多处规则的圆形孔洞（图2-37）。甑一般套放在注水的釜上面，通过甑底的气孔，用沸水上冒出的蒸汽蒸熟食物。

11.草药罐

跨湖桥遗址出土了一件稍有残缺的绳纹小陶釜（图2-38）。出土时，陶釜倾斜废弃于泥土中，器内盛有一捆形象一致的植物茎枝，长度为5~8厘米，单根直径一般为0.3~0.8厘米，共20余根，纹理结节均很清晰，比较整齐地曲缩在釜底。根据这捆茎枝推测，该陶釜有可能是因故（例如陶釜破裂）被丢弃的煎药的草药罐。也有学者推测，植物和陶釜可能是古老的茶和茶釜。

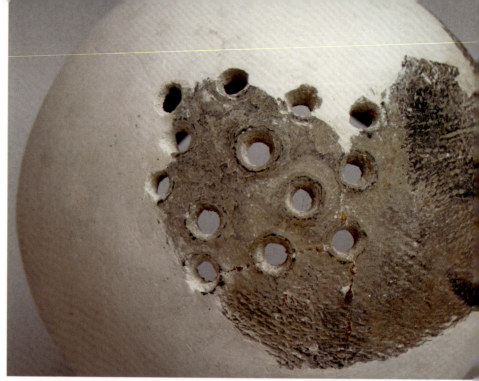

图2-37　陶甑（上）
图2-38　草药罐（下）

图2-39 玉璜

12.玉璜

跨湖桥遗址出土的两件玉璜是中国最早出现的玉器之一，质料均是硬度相对较低的云母（图2-39）。璜作为挂饰，除了需要通体精磨，还需要穿孔。从钻孔痕迹看，大孔采用了实心对钻的技术，利用燧石等锐器相对旋钻形成漏斗形的深孔，对钻穿透器物，小孔则利用锐器单向旋钻。玉璜展现出跨湖桥先民精湛的钻孔技术和对美的追求。

13.木锛柄

跨湖桥遗址出土的这件木锛柄器型相对完整。锛柄取用大小不一的树木枝杈部位为材料，将其中的细杈截为长柄，粗杈加工为短的槌头。槌头下端锯切分段，其中外侧切面尤深且平，是捆扎、固定石锛的位置（图2-40）。

14.木盘

跨湖桥遗址出土的这件木盘残器底部有明显的凹槽底座，两头微微翘起，形状似舟，厚薄均匀，制作非常精美（图2-41）。

图2-40　木锸柄

侧面

底面

图2-41　木盘

15.漆弓

　　跨湖桥遗址出土的漆弓是迄今为止世界上发现的年代最早的弓，并且兼具了弓和漆两个重要的考古学术价值（图2-42）。

　　漆弓除枘手因使用摩擦未见漆皮之外，余部均涂朱红色漆。跨湖桥遗址出土的漆弓将生漆的使用历史提前到距今8000年前，成为中国出土最早的漆器，证明中国是世界上最早使用天然漆的国家。

图2-42　漆弓

16.漆补陶豆盘残片

　　跨湖桥遗址发现一片外红内黑豆盘的口沿残片，在裂面上发现有暗红色的半透明胶黏剂（图2-43）。检测显示陶片的胶黏剂为大漆，说明跨湖桥先民不但用漆作为木器的装饰和保护膜，而且利用漆的胶性进行器物的粘补。

17.骨哨

　　跨湖桥遗址出土了单孔、双孔和三孔的"骨哨"，为动物肢骨截制（图2-44）。

18.陶里手

　　陶拍是一种陶制工具，呈蘑菇状，"蘑菇柄"为抓手，"蘑菇头"为拍面（图2-45）。陶里手可用作器坯内部的垫具，也可用于拍打。陶里手与陶拍两相配合拍打，用来控制陶胎的厚薄，也可拍印陶纹。这些陶器在下孙遗址的集中出现，是判断制陶作坊的最直接证据。

19.木轮轴

　　跨湖桥遗址出土的木轮轴，是中国应用轮制技术的最早期证据（图2-46）。所谓慢轮修整，是将制作成形的陶器放在陶轮上通过旋转修刮，使之更加匀薄规整。一些跨湖桥陶器上出现水平方向均匀的摩擦痕迹，证明了慢轮修整技术确实存在。跨湖桥陶器的器型规整并且厚度均匀，正是因为跨湖桥文化已经发明了慢轮修整技术，这比原来学术界确定的时间提早了近2000年。

图2-43　粘补陶片（上）

图2-44　骨哨（中）

图2-45　陶里手（左下）

图2-46　木制陶轮底座（右下）

20.黑光陶罐

这件黑光陶残器的领部有 7 道平行凹弦纹，为一件典型的经过慢轮修整的陶器（图 2-47）。跨湖桥遗址的黑陶十分光亮，黑光陶衣体现了跨湖桥文化比较先进且能被成熟运用的陶艺成就。

21.骨针

跨湖桥遗址出土了多枚完整或不完整的骨针，通体圆润，油光发亮，头部尖利，尾部均穿孔（图 2-48）。骨针表面都十分光滑，针孔细小，穿缝的线明显是纺线，最有可能用来缝制兽皮。其中一枚长度 7.4 厘米，最粗处的直径也只有 0.2 厘米，孔径只有 0.07 厘米。

22.木卷布轴

跨湖桥遗址出土的木卷布轴材质为木质，两端槽额是用来固定腰部系带的位置（图 2-49）。木卷布轴长度有 21.6 厘米、37.6 厘米，可推测当时布幅的宽度有两种规格。木卷布轴是原始踞织机的重要部件。

23.骨纬刀

跨湖桥遗址出土的纬刀用骨片制作，表面光滑有光泽，保存十分完整，长 28.8 厘米，宽 2.1 厘米，一端有一掌之宽（9 厘米）的磨损痕迹，应该是抓握所致，余部长约 20 厘米，用来打压纬线（图 2-50）。由此可知，纬线的长度即所织布幅的宽度，约为 20 厘米。

图2-47 黑光陶残器（上）

图2-48 骨针（中1）

图2-49 木卷布轴（中2）

图2-50 骨纬刀（下）

图2-51　骨梭（左）
图2-52　刻符木锥（右）

24.骨梭

骨梭由动物骨头制成，长 19.7 厘米，器型完整，表面光滑。据专家介绍，这很可能是跨湖桥原始腰织机的一个重要部件，主要用于挑线，引导纬线往复运动（图 2-51）。

25.刻符木锥

跨湖桥遗址出土了一件十分完整的刻符木锥，长 17.8 厘米，截面最大直径为 0.8 厘米。前端呈舌扁状，正反两面分别刻有两个符号。这些符号十分奇特，如字符号似可视为"二""八"的组合（图 2-52）。

26.刻符鹿角形器

刻符鹿角形器残件为不相连的两段，端部穿孔并饰弦纹，器身刻有数组由条、角线组成的刻画图案（图2-53）。从形态观察，这些符号已有重复出现的现象。相似的符号在中国的其他新石器时代晚期遗址和殷墟遗址中均有出现，学术界对这些符号的认识存在不同意见，但多认为它们是"数卦"。

"数卦"是一种记录蓍筮占卜的数字卦象。一般认为，上古时期的"数卦"经过简化，到战国时期演化为二元奇偶数符，到战国末期至秦汉再演化为阴阳八卦。

通过比较，跨湖桥遗址的"数卦"与《周易》有相关性。木锥上的"二""八"两组符号，可识读为"一一六一一六"，即"巽"卦。鹿角器的卦符由两个卦象组成，即"一一一一六六"的"遁"卦和"六六一一一一"的"大壮"卦，前者代表"逃遁"，后者代表"受伤"。"遁"和"大壮"在《周易》中前后相续，由此推断跨湖桥遗址出土的刻画在鹿角上的符号，可能与狩猎活动有关。

跨湖桥遗址的刻画符号是目前所见到的最早的可能与数卦有关的符号类型，这表明早在8000年前，数卦系统可能就已经存在了。

27.太阳纹彩陶片

跨湖桥遗址出土的这块太阳纹彩陶片以红彩为主，颜色鲜艳，整圆加射线形式的带"光芒"的太阳图案清晰可见（图2-54）。对比遗址中出现的另一种半圆加射线的太阳图案，整圆应表示刚升起的太阳，半圆则表示已落山的太阳。这件陶片的发现既反映了跨湖桥的彩陶艺术，又是跨湖桥先民太阳崇拜的重要体现。

28.绘"田"字纹扁腹陶罐

遗址出土了一件双耳扁腹陶罐，器耳上出现了"田"字的图符（图2-55）。研究认为，"田"字符号是抽象太阳纹"十"字纹的变体。"十"字纹象征太阳，在古代世界

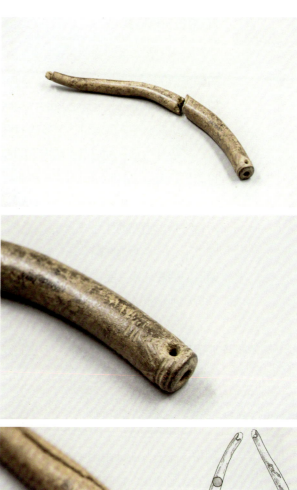

图2-53　刻符鹿角形器

图2-54　太阳纹彩陶（上）

图2-55　绘"田"字纹扁腹陶罐（下）

具有普遍性。许多学者都倾向于认为，十字纹即"万"字纹，而"万"字纹象征性地表达了向四方放射光芒的太阳，其简化后，光芒成为"十"字形的四条线，而四条线向同一方向弯折，便成了"万"字。

29.独木舟

在第三次发掘时，跨湖桥遗址出土了一条独木舟，残损较为严重。独木舟舟体略有弧度，仅剩船头完整。舟残长560厘米，最宽处约52厘米，厚约2.5厘米（图2-56）。由于长期被泥土掩盖，独木舟的中部大部分侧舷已经残破，成了浅凹状的木板。从舱内底、壁的相交部位看，底面和边壁基本垂直。舟体比较光滑，经分析鉴定，其材质为马尾松。

30.席状编织物

在独木舟的边上，还发现多处小块的苇席状编织物。其中一块保存较好，形状呈梯形，三面残，但残面比较整齐，完整一面斜向收边，残幅最宽约60厘米，最窄约50厘米（图2-57）。特别的是，这件编织物的中间还编进了有支撑作用的木骨，显示其展开、伸张的实用效果，推测其为独木舟的帆。

图2-56　独木舟（上）
图2-57　席状编织物（下）

二、展览实景与解析

展览分为主展厅"勇立潮头——跨湖桥文化主题展"、水下遗址原址保护厅"中华第一舟"与第二课堂"部落学校"三部分，三者有机关联，构建了集学习、探究、实践于一体的全方位传播模式。

（一）"跨湖桥文化主题展"实景

"跨湖桥文化主题展"不完全遵循时间逻辑串联内容，而是按主题设立信息传播组团，并通过史前与现代两个交错视角，根据内外两条展陈逻辑线展开（图2-58、图2-59）：

外在逻辑线（A）讲述跨湖桥先民的"来去之间"——以考古发掘为依据，还原先民迁徙至此的过程、生产生活的形态、智慧创作的成果、精神信仰的力量、对其他文明的深远影响等故事。A线以跨湖桥先民为主角，将观众带入史前时期，跟随跨湖桥先民一同走过这一段历史，感受先民留下的印迹。

内在逻辑线（B）展现跨湖桥文化的"起承转合"——通过A线的叙事奠定观众对跨湖桥文化的发展与高度、跨湖桥核心精神的探索与认知。B线以现代观众的视角，纵向进行古今对比，横向与其他文明对比，从而使观众对跨湖桥文化有较为全面的理解，并且对人与文化的关系、文化与文明的关系进行深入思索。

A线为底层基础逻辑，B线为上升拓展逻辑，A、B两线内外呼应，同时进行，满足各层次观众的认知、体验、思考的诉求。古今关联的视角，更为观众提供

2F

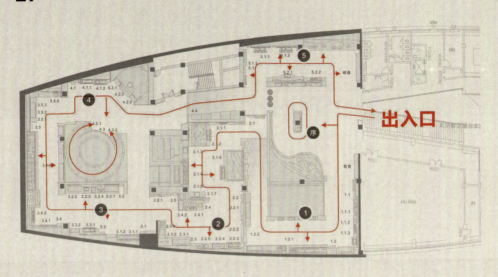

图2-58　"跨湖桥文化主题展"览线及内容分布

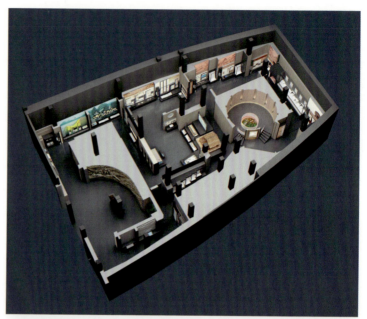

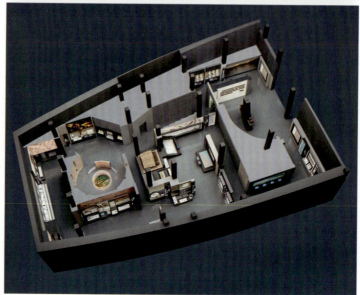

图2-59 "跨湖桥文化主题展"空间轴测

图2-60 "跨湖桥文化主题展"序厅

了时空对话的穿梭感。

"勇立潮头"雕塑：浮雕以粗犷的线条描绘汹涌的潮水和屹立在潮头的跨湖桥先民，浪花里凝聚着跨湖桥文化诸多历史之最，定格在巨浪以千钧之势裹挟而来的瞬间，不仅展现了跨湖桥先民运用独木舟与海潮相搏的史实，更彰显出浙江人传承自祖先，流淌在血液里的进取精神，精准定位展陈高度，总领展陈方向（图2-60）。

古湘湖生态环境游戏：在操作界面上选择任意动物骨骼，系统将自动逐步还原该动物全貌，并且在古湘湖生态环境画面相应位置中展示该动物。当12组动物骨骼都被还原完毕后，古湘湖生态环境画卷从静止状态进入动态展示状态，生动还原跨湖桥先民生存时期的古湘湖生态环境与动植物种类（图2-61）。

杭州湾海岸线演变：跨湖桥先民在古湘湖地区生活了近1000年后突然消失，这背后隐藏着一个重大的环境事件——全新世大海侵。约在距今7000年前，海平面上升导致海水溯江而上，进入杭州湾。杭州湾喇叭口形的特殊江岸结构使潮水易

图2-61　古湘湖生态环境游戏

图2-62　杭州湾海岸线演变

进难退，淹没近海平原。杭州湾海岸线演变多媒体动态演示了从8000年前至今的杭州湾海岸线变化，从中可以看出灾难性的海侵淹没了跨湖桥村落，破坏了跨湖桥先民的生存条件，因此先民们走上了迁徙之路（图2-62）。

三大遗址点沙盘：遗址点等高线浮雕沙盘展示跨湖桥遗址的地形地貌，立体插标面向观众的观展方向，直观展现跨湖桥遗址与其他相关遗址的关系，从而体现跨湖桥先民从山地向河口地带迁徙的趋势，并引导观众进入下一单元内容（图2-63）。

干栏式建筑与土木混合建筑模型：详细展示了跨湖桥先民两种建筑形式的构造细节，其中干栏式建筑是先民有效防潮和利用空间的智慧体现，榫卯木构件更是展现出我国新石器时代的建筑水平。模型后面的屏幕以量子光点手法展现跨湖桥先民的村落生活，抽象的形态为观众带来无限遐想（图2-64）。

家猪驯化互动展项：从野猪到家猪，猪的体型发生了巨大变化。对大多数观众来说，仅从跨湖桥出土的齿列扭曲的猪下颌骨来看，很难想象其整体形貌。抽拉式互动展项通过野猪、原始猪与家猪叠片比对，鼓励观众主动探索这一变化过程（图2-65）。

图2-63　三大遗址点沙盘

图2-64　干栏式建筑与土木混合建筑模型（上）

图2-65　家猪驯化互动展项（下）

图2-66　烹饪微缩场景

　　烹饪微缩场景和"蒸锅进化史"：跨湖桥先民对于不同的食物采用了各异的烹饪手段，如直接炙烤肉类，用釜炊煮杂食，甚至还发明了甑来蒸制稻米与糕饼。甑一般套放在注水的釜上面，通过甑底的气孔，用沸水上冒出的蒸汽蒸熟食物。这种烹饪方式在充分利用热量的同时保证了食物营养流失最少，因此蒸成了当今最主要的烹饪方式之一。现在我们常用的蒸锅，与甑就是一脉相承的。"蒸锅进化史"借助光学玻璃展示从甑到现代蒸锅的演变历史，让观众以古今关联的方式体会先民们延续至今的智慧（图2-66、图2-67）。

　　原木剖面与木料展示：跨湖桥先民对木器的选材十分讲究，主要体现在两个方面：一是根据不同工具的功能特性选择不同的木料；二是使用木料心材制作需要更高硬度和韧性的器物。原木剖面向观众解析木料的心材标准，木料展示则让观众理解不同木料各自的特性。这种选料和加工体现了符合现代科学的标准，这充分反映了跨湖桥先民对木料材质的认识和加工水平（图2-68）。

　　慢轮修整技术和薄壳窑烧造技术：遗址出土的木质陶轮底座，是中国应用轮制技术的最早证据。跨湖桥陶器上出现水平方向均匀的摩擦痕迹，也证明了慢轮修整技术确实存在。展柜里的陶轮座与展柜透明屏上的制陶动态影像重合，还原了跨湖桥先民修整陶坯的情节。薄壳窑剖面模型场景结合全息影像，展示平地堆烧的烧陶工艺（图2-69、图2-70）。

　　太阳崇拜：充分利用建筑上的死角空间，以太阳纹、天梯纹为中心元素，配合动态光影装置将祭祀的情景投显到墙面上，观众只能从特定角度窥视不断变换的婆娑光影，营造出原始而又神秘的祭祀氛围（图2-71）。

　　火的祭祀：半开放沉浸式剧场以考古发掘的祭台为原型，设置曲面中心下沉式主题投影区，展播"火的祭祀"动画短片，为观众讲述跨湖桥先民崇尚"火"的原因与"火祭"仪式。顶部的太阳纹寓意太阳光芒笼罩大地，四周光柱如同火焰升腾，光效与影片上下联动，构建了灿烂热烈又充满哲思的影音体验空间（图2-72）。

釜甑飘香　Fragrance From the Cookware

原始医药

"草药罐"的发现 /

The Discovery of Galipot

炊煮蒸烤

跨海桥先民的日常饮食
品种多样、营养丰富，不仅
有主食类的稻米和植物果
实，还有肉类、蔬菜和河
鲜。他们对于不同的食物采
用了各种的烹饪手段，如直
接炙烤肉类，用釜炊煮杂
食，甚至还发明了蒸用以蒸
制稻米与稻饼。遗址出土的
炊具与食物遗存，无一不体
现出跨海桥先民精湛的食物
加工技术。

Kuahuqiao people's diet included
a great variety of nutritious foods,
such as rice, fruit of plants,
vegetables as well as protein,
such as meat and food from
nearby water. They chose
different cooking methods to
process their raw foods, such as
roasting meat, boiling mixed food,
and they even invented zeng, a
cookware that steams rice and
cake. These remains of food and
cookware demonstrate the
exquisite food processing of the
Kuahuqiao people.

Roasting

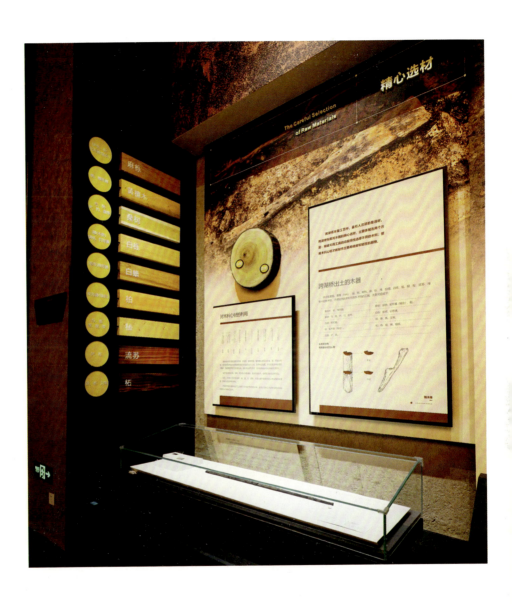

图2-67　"蒸锅进化史"（左页）

图2-68　原木剖面与木料展示（右页）

图2-69　慢轮修整技术

图2-70　薄壳窑烧造技术

图2-71　太阳崇拜

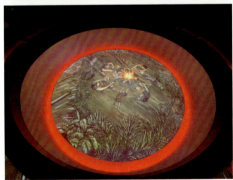

图2-72　火的祭祀

（二）遗址原址保护厅实景

不同于主展厅双线并行的结构，水下遗址原址保护厅采用中心辐射式展陈架构，不论是展示逻辑还是空间布局，都以独木舟为中心点，通过独木舟发散延伸出环绕型知识点阵，凸显了独木舟作为展眼和镇馆之宝的重要性，达成了水下遗址厅原址保护与展示的双重功能（图2-73）。

考古发掘回望：坡道左右两侧分布的是跨湖桥遗址考古大事记和历年相关报道（图2-74、图2-75）。随着观众进入水下遗址原址保护厅的步伐，时间轴从跨湖桥遗址被发现的那一刻不断推演至今，观众通过与时间轴年份一一对应的新闻报道，一路见证跨湖桥遗址的发掘保护历程。

船型展台：船型展台提炼"舟"这一核心元素，以帆为灯，以桨为单元标题板，以水浪为台基，形式设计与主题紧密结合，以整体统一性传达展陈内容与视觉氛围。多层次多角度可调版面，穿插多媒体查询设备，以最小的体积承载最大的信息量（图2-76）。

独木舟制作：以微缩场景剖析独木舟制作流程，融考古发掘、学术研究、船舶制造、雕塑艺术于一体，降低信息获取难度，加深观众理解程度（图2-76）。

独木舟实验考古：跨湖桥遗址博物馆的吴健馆长与中国航海学会航海历史与文化研究专业委员会委员周海斌先生，进行海洋舟船文化遗迹、文物的联合学术研究，对跨湖桥独木舟进行实验考古，还原出独木舟当年可能的使用状态，完善了独木舟的真实样貌（图2-78）。

舟船万里：世界各地的独木舟，既大体相似，又各具特色。世界独木舟展示，以横向对比全球典型独木舟的方式，将展览进一步拓宽与延伸（图2-79）。

1F

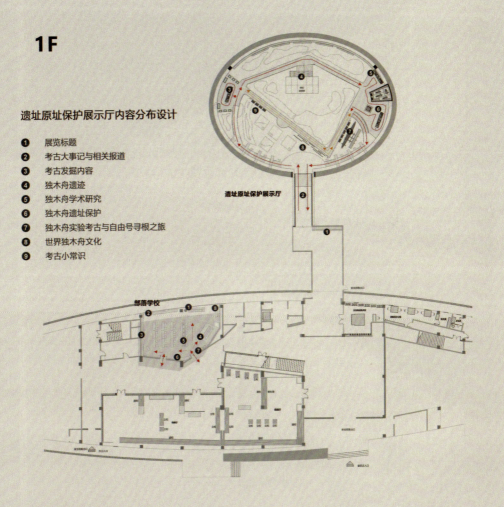

遗址原址保护展示厅内容分布设计

1. 展览标题
2. 考古大事记与相关报道
3. 考古发掘内容
4. 独木舟遗迹
5. 独木舟学术研究
6. 独木舟遗址保护
7. 独木舟实验考古与自由号寻根之旅
8. 世界独木舟文化
9. 考古小常识

部落学校内容分布设计

1. 采摘游戏
2. 家长伴读区
3. 课堂区
4. 多人参加狩猎游戏弓箭的使用体验
5. 考古文物修复室
6. 骨耜、木铲的使用体验
7. 互动问答区
8. 《一顿晚餐》工具选择互动游戏

图2-73 遗址厅、部落学校览线及内容分布

图2-74　考古大事记（左上）

图2-75　历年相关报道（左下）

图2-76　船型展台（右）

图2-77 独木舟制作微缩场景

图2-78　独木舟实验考古

世界独木舟文化掠影

亚洲各国及地区
独木舟

大洋洲各地的
独木舟

图2-79 舟船万里

图2-80　"部落学校"实景

（三）实景

　　"部落学校"是连接主展厅与水下遗址原址保护厅的互动体验空间（图2-80）。根据展陈内容及文物定制的研学软件和互动游戏，"部落学校"与主题课程教室以通透隔断进行区分，既整体统一又相对独立。

勇立潮头

Braving the Tide

策　展

浪打天门石壁开

一、知之愈明行愈笃——学术成果转化

在着手准备陈列的过程中，我们不可避免地遇到了所有博物馆都需要思考的三个问题："如何保护文物？""如何解读文物？""如何展示文物？"这也是由博物馆三大基本职能——收藏、研究和教育所决定的。同时史前遗址博物馆的特殊性又对我们的回答提出了新要求。正所谓"知之愈明，则行之愈笃"，必须有坚实的理论基础，才能正确指导博物馆实践。为了交出一份合格的答卷，我们围绕这三个问题做了大量学术研究，并积极将学术成果转化为切实可行的方案与制度。

（一）如何保护？

跨湖桥遗址出土了世界上现存年代最早的独木舟及相关遗迹，因现场地层蕴含丰富的考古信息，多数专家主张原址保护。然而，遗址地处湘湖水位以下，土质松软、含盐量高，微生物、盐析等病害情况复杂，加之独木舟在海相沉积淤泥中埋藏近 8000 年，糟朽程度严重，保护难度极大。如何科学系统地保护独木舟遗址是我们面临的首要问题。

1.四大工程的实施

2003 年 9 月，我们成立了"杭州萧山独木舟遗址原址保护可行性方案研究"课题组，以王丹华研究员为组长的国家文物局专家组亲临现场，对保护方案进

图3-1　电化学成桩加固法施工

行了论证，最后确定由湖北省博物馆陈中行研究员、浙江省博物馆卢衡研究员两位专家任组长，指导完成独木舟原址保护可行性方案。

2005年8月，经国家文物局批准，我们开始实施原址保护工程。我们将整体的病害情况分为几个小问题，化繁为简，逐个击破，先后完成了工程地质、水文地质资料勘探报告，岩土工程勘察报告，独木舟盐析病害分析、裂隙病害调查报告等，实施疏干排水工程、土遗址加固、独木舟化学加固定型、微生物防治研究等四大工程。

2006年5月，我们对独木舟周边约130平方米范围内土壤实施了疏干排水工程。排水暗沟围绕独木舟遗址布置成斜向长方形，并在暗沟西侧拐角设置深集水井。当集水井达到警戒水位，水泵自动将水抽排到围堰夹层水沟内，再排入湘湖，从而保持独木舟底部土壤的干燥，防止地下水对独木舟的侵蚀。

在疏干排水的作用下，玻璃房内独木舟周围土体产生了不均匀沉降、开裂及土体表面灰化、扬尘等病害，其中木构件摆放区域出现多处较深的裂缝。2010年1月，我们对独木舟玻璃房区域采用软土电化学成桩加固法与化学加固法相结合的方法进行加固保护，独木舟周围采用电化学成桩加固法，其余区域采用裂隙充填注浆加固、钻孔注浆加固和表面防风化处理等方法（图3-1）。加固完成后，没有出现开裂、下沉现象，整体效果良好。

图3-2 独木舟在浸渍槽纯净水中浸泡脱盐

　　独木舟的化学加固定型工程主要分脱盐、脱水化学加固和有控气干三个阶段。2003年10月，我们制作了跨湖桥独木舟浸渍设备用于独木舟脱盐浸泡（图3-2）。持续浸渍了6个月后，检测结果显示，独木舟中的可溶性盐呈明显下降趋势。2005年10月，独木舟开始进行加固定型，用尿素、二甲基脲、聚乙二醇复合液逐步取代独木舟中的水，再用自然干燥法除去剩余的水分以达到脱水干燥的目的。2010年9月14日起，独木舟进入风干阶段，3个月后独木舟外观逐步由黑色变成深棕色，再变成浅棕色，手感较硬。2012年12月，在玻璃房内加装了一套恒温恒湿机组，24小时控制温湿度，使独木舟保持稳定风干状态，效果良好。

　　针对独木舟及其周边环境出现的微生物菌群，我们根据微生物检测结果，筛选出4种具有广谱、高效、低毒、低刺激、对环境安全的较理想防霉剂进行喷雾。同时，采用机械除湿降低空气中水分，保持遗址的干燥状态。2010年4次取样检测结果显示，独木舟上仅有一种真菌，真菌数量也大大减少，全年变化不大，防霉防菌取得了较好效果（图3-3）。

　　至此，原址保护实施方案四大工程顺利完工。"跨湖桥遗址原址保护工程"被列为国家"十二五"科技攻关项目——遗址大型饱水木构件原址保护技术研究的重要研究类型和重点案例。2014年，博物馆主编的《跨湖桥独木舟遗址原址保护》被评为"全国文化遗产优秀图书"。其中"跨湖桥土遗址加固工程"荣获浙江省优秀文物保护工程"匠心杯"，遗址保护迈上新台阶。

图3-3　微生物防治实验

2.三大省级课题的申报

　　遗址保护是一项长期的工作，任重而道远，需要我们持续的关注和不懈的努力。在四大工程完成之后，我们没有停下探索和研究的步伐。自2010年至今，我们已申请了三个省级课题，对独木舟遗址的微生物危害综合防治和独木舟综合监测问题进行了更深入的探讨。

　　2010年8月，我们申请的"萧山跨湖桥独木舟遗址的微生物危害综合防治研究"课题经浙江省文物局批准立项实施，并于2013年5月结项。课题通过实地调查、室内实验及数值模拟方法，全面调查遗址微生物的类型，掌握了遗址微生物侵蚀的区域分布状况、种类特性，找出一种利用生物酶抑制有害微生物的方法，并对遗址厅通风保温系统进行改造和调控。至此，遗址厅内不再发生霉菌等微生物的灾害性破坏，微生物对出土文物的危害得到根本控制。课题以独木舟核心区微生物危害综合治理为重点，遴选出适合潮湿环境下土遗址的生物酶防治技术和低海拔环境控制技术，发表了《生物酶对跨湖桥遗址丝状真菌抑菌作用的研究》和《跨湖桥独木舟遗址微生物种类及区域分布状况的研究》两篇文章。课题研究总结的"一种对潮湿

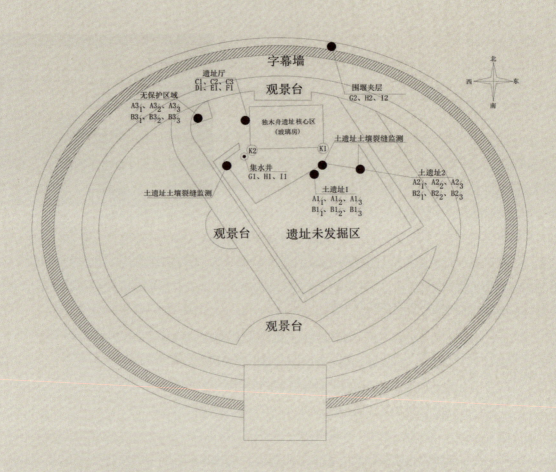

字幕墙

遗址厅
C1、C2、C3
D1、E1、F1

观景台

围堰夹层
G2、H2、I2

无保护区域
A3₁、A3₂、A3₃
B3₁、B3₂、B3₃

独木舟遗址 核心区
（玻璃房）

土遗址土壤裂缝监测

K2

K1

集水井
G1、H1、I1

土遗址土壤裂缝监测

观景台

遗址未发掘区

土遗址1
A1₁、A1₂、A1₃
B1₁、B1₂、B1₃

土遗址2
A2₁、A2₂、A2₃
B2₁、B2₂、B2₃

观景台

北
西 东
南

图3-4　遗址厅监测点位分布

遗址环境丝状真菌的生长抑制方法"，2015 年被国家知识产权局授予发明专利。

为进一步评估遗址原址保护实施的阶段性成果，2014 年 1 月我们申请并成功立项第二个省级课题——"跨湖桥遗址潮湿环境综合保护技术效果监测"，并于 2017 年结项。经过专家评审讨论，最终安装 11 项监测设备，建立 47 个监测点，分别就土壤温湿度、电导率，环境的温湿度、二氧化碳、二氧化硫、二氧化氮，集水井和围堰夹层的水位、含盐率、水 pH 值、独木舟含水率及保护区土遗址和独木舟开裂等方面进行了有效监测。经过三年的系统监测及数据分析，已基本达到了对遗址原址进行立体化监控的目的，建立起了保护监测数据库，为潮湿环境土遗址保护，尤其是为水下遗址原址保护积累了宝贵的参考数据。

2019 年 12 月，"跨湖桥独木舟及相关土遗址的精密监测和响应措施研究"课题经浙江省文物局批准立项。该课题是在前一课题，即对原址环境进行全面有效监测的基础上，以独木舟为重点，以高清红外球型网络摄像机、微波水分测控仪、红外测温传感器等设备为依托，围绕独木舟科技保护目标建立了 10 个监测点，分别就文物开裂情况、褪色程度、表面起甲、剥落腐烂、微环境等信息进行精细监测（图 3-4）。目前该项目尚未结项，实施方案已获专家评审会评审通过，正按照方案稳步推进实施。

（二）如何解读？

过去博物馆往往倾向于以文物本身为核心，仅从视觉观赏角度，借助灯光、展具等烘托展品本身。但实践证明，对于大多数不具备鉴赏能力和相关历史背景知识的普通观众而言，以实物为核心的陈列方式显得晦涩难懂。由于史前遗址年代久远，考古发掘的遗物以陶器和石器为主，不如青铜器、金银器等可观赏性、可读性强，难以激发观众的兴趣，这成为目前史前遗址博物馆存在的通病之一。近年来随着新博物馆学理念的普及，史前遗址博物馆为增强本身吸引力，逐步转向以信息为主导的展览模式，努力挖掘文物信息，解读文物故事，从而降低参观门槛，吸引越来越多的人走入史前遗址博物馆。

1.情境式解读

浙江省文物考古研究所所长方向明指出，对于历史类博物馆而言，通过科学考古手段获取的出土物以及出土物所在的出土环境（context）可以说是博物馆的灵魂。情境展示需要构造特定的考古环境，强调遗物、遗迹单元的整体性和关联性，为观众提供一个相对完整的信息链条。遗址类博物馆可以说是最适合应用这种解读方式的博物馆类型之一。在"中华第一舟"水下遗址原址保护厅中，我们从整个跨湖桥遗址的考古发现入手，剖析三次发掘始末、发掘的探方及地层关系；然后将目光聚焦在第三次发掘出土的独木舟遗址上，介绍独木舟与周边出土的框架结构，木桨与木料，砺石、石锛与锛柄，席状编织物等相关遗迹；最后将独木舟作为重点文物，解析独木舟所反映的制作、修缮技术。独木舟与周边的相关遗迹，构成了一个有机关联体。桩架结构、木桨与木料、石器工具和编织物，为独木舟当时的形态提供了合理的推测方向，也是研究跨湖桥独木舟不可或缺的重要因素。例如石器工具是木器（独木舟）制作加工修理的主要工具，应该与木作加工现场有关；席状编织物与独木舟的组合出现让人推测原始席帆的出现。2013年，我们与中国航海学会航海历史与文化研究专业委员会合作，启动了为期6年的联合学术研究，对跨湖桥独木舟复原进行实验考古与深入探索，先后以实验考古学的方式研究复原"单体式""单边架式"两种舟体形制的独木舟和竹编织风帆，并成功进行了航海实验。复原试制的独木舟和竹编织风帆于2019年捐赠给博物馆收藏，并按原始方式在遗址厅组装展示。在情境式的阐释下，文物不再是一个孤立的信息单元，更体现了超越其本体信息的环境、遗址、伴生出土物等的整体性和相关性。

2.关联性解读

情境解读法强调的关联性主要建立在某个特定的考古环境中，可以说是田野考古视野下"微观"层面的联系。而"关联性解读"则是将考古文物放在一个更加宏大的文化背景下构建信息链。在遗址厅的最后一个章节"领先世界的海洋文明"中，我们跳出了跨湖桥遗址，收集了大量世界各地独木舟的资料，用更为宏大的视角着眼于世界独木舟文化。

首先，我们用视频再现了 2006 年首届"杭州世界休闲博览会暨一湖三园"开幕式，其中的湘湖原住民独木舟表演生动演绎了距今 8000 年的远古文明，纵向串联古今，为传承和弘扬跨湖桥文化添上一抹亮丽的色彩。其次，我们横向拓展在远古时期跨湖桥遗址先进的独木舟制造技术对周边地区的辐射作用，介绍了法属波利尼西亚有关人士的"寻根之旅"，以此证明凭借石器时代简陋的条件完成这样的航海壮举的可能性，也说明跨湖桥文化可能对世界其他地区的海洋文明产生重要影响。最后，我们收集并整理了来自世界各地的独木舟影像，并用多张图片串联展示世界各地的独木舟，它们既大体相似，又各具特色。这说明不论人们生活在地球上哪一个区域，即使是在远古时代彼此分隔，独木舟都是人类不约而同的选择，体现了人类文化共性与个性并存。

3.跨学科解读

对文物的解读从来不是独立发展的，自"过程考古学"兴起以来，跨学科解读文物逐渐成为主流。不同学科和考古学的结合为我们解读文物提供了更多的视角。

在独木舟的脱盐脱水过程中，工作人员突然发现在独木舟的中间位置有一块近似圆形的木头颜色与周边颜色有差异，甚至还可以用手把它取出来。工作人员开始意识到，这块木头可能是因为独木舟破损而被粘补上去的。同时一个问题也浮现出来：跨湖桥先民是用什么作为胶黏剂将这块"补丁"粘在独木舟上，使修补后船底能够抗水压、防渗水？为研究该问题，我们申请了省级课题"浙江新石器时代黏合剂痕迹研究"，并与由浙江大学、浙江省文物考古研究所合作，在考古学著名期刊《考古科学期刊》（*Journal of Archaeological Science*）上刊登了联名发表的文章《酶联免疫法检测发现 8000 年前新石器时代的跨湖桥居民把天然大漆用作涂料和胶黏剂》。

鉴定大漆最常用的分析方法是热裂解－气相/质谱，但出土后为了保存木质文物，漆弓和独木舟都进行了保护性处理，脱水定型所用的化学品，例如聚乙二醇等，几乎掩盖了漆酚的特征峰，无法确证。为了避免化学杂质的影响，浙江大学文物保护材料实验室采用了灵敏度、准确性更高的鉴定方法——酶联免疫法 (ELISA)。研究人员对独木舟上的"补丁"以及一块同样发现有粘补痕迹的豆盘陶片进行了取样，并且因怀疑胶黏剂为生漆，对我们的另一件镇馆之宝——漆弓上涂抹的生漆进行采样，方便进行对比。结果显示，弓的涂层、修补独木舟和陶片的胶黏剂主要成分果然都是生漆，而且是生长于中国本土的中国漆。我们可以合理推断，8000 年前的跨湖桥地区分布着一定数量的漆树，跨湖桥先民发现了这种树皮割伤后流出来的汁液是很好的防水涂料和胶黏剂。这是迄今为止发现的人类最早使用大漆的证据，而且制作工艺已相当成熟。他们把大漆涂在弓的表面，可能是为了减少磨损，用起来更光滑舒服，也可能是为了美观。通过这项研究，我们围绕着"生漆"讲述了一个新的故事，独木舟上的补丁、破损的陶片和已氧化乌黑的漆弓不再是一件件平平无奇的物件。它们投射出 8000 年前跨湖桥先民的智慧，研究挖掘出了它们背后的故事，激发了它们蕴藏的生命力。

跨湖桥遗址出土了两件小而精美的玉璜，是迄今为止中国南方已知的年代最早的玉璜，重要性不言而喻。为了在不破坏文物的基础上获取最全面的信息，我们与浙江大学张秉坚老师课题组合作，采取红外、拉曼、X荧光光谱分析和数码显微技术对玉璜进行了无损检测，并发表论文《跨湖桥遗址两件出土玉璜的无损检测研究》。研究显示跨湖桥玉璜的材料由附近地区获得，采用实心钻、打磨抛光等工序制作，说明当时跨湖桥先民有着独立加工玉器的技术，选料和制作工艺可能自成一派，从而进一步肯定了跨湖桥遗址在整个中国玉文化发展中的重要地位。

（三）如何展示？

在解读出信息后，如何将更多信息用更形象生动的展示手段简单完整地传达给观众，决定了史前遗址博物馆教育职能的履行效果。近些年，博物馆展览理论快速发展，各个史前遗址博物馆在展览创新上做出了诸多行之有效的实践，这都为我们解决"如何展示"问题提供了经验和借鉴。为了加强学术交流，学习优秀经验，我们于2010年首次召开跨湖桥文化国际学术研讨会，在会上就博物馆展陈研究和管理运行，以及跨湖桥文化在史前考古和中华文明起源上的地位和价值、跨湖桥独木舟与世界舟船文化、遗址保护与文化旅游创意产业发展、中国东南地区史前文化对比研究等主题进行了交流讨论。自此之后，我们逐渐搭建起"跨湖桥文化国际学术研讨会"这一学术平台，围绕跨湖桥遗址和遗址博物馆，每年举办不同主题的学术研讨会，并邀请全国相关高校、学术机构及博物馆领域的专家学者来进行深入探讨，至2020年已经举办了十届研讨会。每一次的学术研讨会对博物馆来说，都是不可多得的珍贵学习机会。

随着第二届跨湖桥文化学术研讨会的召开，跨湖桥文化国际学术研讨会论文集的出版也被提上日程。论文集由博物馆主编，文物出版社出版，已分别在2012年、

2014年、2016年出版3部。论文集是对跨湖桥文化国际研讨会研究成果的汇总，对推动跨湖桥文化的深入研究和跨湖桥遗址博物馆的建设有着积极的作用。论文集中《土遗址原址保护展示的实践与思考》就以三星堆遗址为例，介绍了城墙剖面揭层展示、祭祀坑覆罩露明和模拟展示、考古探方和建筑（居住）基址复原展示的实践和效果分析，为馆内的基础陈列改造升级提供了优秀的参考案例。《关于大地湾遗址保护与利用的几点思考》则是以大地湾遗址为例，对史前遗址保护和利用中出现的问题提出了宏观而系统的建议，并呼吁遗址采用露明展示、覆土表面模拟展示、空间意向展示、复原展示等展示方式，增加遗址展示的吸引力。

　　在整个展陈提升改造的过程中，我们始终坚持以新兴科学技术为指导，紧扣"遗址原址保护"的特点，为陈列展览提供学术支撑。为了使观众更好地了解博物馆相关工作，在水下遗址保护厅内，我们用多媒体设备阶段性总结了我们现阶段的学术成果。内容分为学术研讨会、课题研究和论著汇编三个部分，包括一次环境综合改造、三个科技保护项目、四个原址保护工程、十次学术研讨会及独木舟制作和实验考古等科研内容和知识点，突出科学研究对遗址的重要性、学术支撑内容深度与文保力度，凸显遗址保护与展示的双重功能，达到学习与实践、研究与保护并行的效果。

二、纵横回望八千年——策展历程

（一）立意的确定

　　跨湖桥是一个特殊的遗址。在 1990 年初次被发现后，这个年代早于河姆渡文化的遗址，在将近 10 年的时间里并没有得到足够的重视。其原因，既包含中国东南沿海地区新石器时代考古向前探索的艰难，也涉及世纪末考古学新旧交替阶段对学术与文化现象的思考和纷争。这赋予了跨湖桥遗址传奇的经历。

　　1990 年 5 月，萧山广播电视大学萧山分校学生郑苗提供的线索直接促成了跨湖桥遗址的发现。在这之前，关注跨湖桥遗址出土文物的还有杭州砖瓦厂的厂医陈中缄，他很可能在 20 世纪 60 年代就已经发现湘湖出土的史前文物，并有意识地进行采集。后来，陈医生的后人将采集文物上交给萧山博物馆，其中的骨器、石器与跨湖桥遗址发掘文物完全一致。遗憾的是，跨湖桥遗址的命运比不上河姆渡遗址，这一重要的遗址信息没有被及时而有效地上报文物部门并受到重视。

　　1990 年 10—12 月，跨湖桥遗址开始第一次发掘（图 3-5）。发掘取得了不错的成果，彩陶、交叉绳纹卵腹釜（图 3-6）、圈足器、木结构的橡子坑等重要发现即刻受到了重视。遗址出土的四个年代测定标本被送到国家海洋局第二海洋研究所，测出的年代数据为距今 8000 多年。这一数据是惊人的，因为它比河姆渡遗址早了整整 1000 年。

　　这是一个重大的发现！但用"认识真空"四字描述当时考古界对跨湖桥遗址的态度是恰当的。跨湖桥遗址的年代受到普遍的质疑，遗址的保护也因此被耽搁了整整 10 年。这一阶段与跨湖桥文化研究相关的重要特点，是无法逆转的学术资源的消失。后来不管是谁看到剩下的半条独木舟，都不禁会发出一声叹息。

图3-5 第一次发掘全景（上）

图3-6 跨湖桥交叉绳纹卵腹釜（右）

图3-7　2001年第二次发掘的场景（左）
图3-8　考古队领队蒋乐平与复原陶器文物架（右）

　　2000 年，浙江省文物考古研究所以诸暨楼家桥遗址发掘为契机，对浦阳江流域新石器时代遗址展开专题调查。调查的起因之一，是发现同属浦阳江下游的楼家桥遗址与跨湖桥遗址文化面貌差别很大，跨湖桥遗址反而与大家熟知的河姆渡文化、马家浜文化的联系要密切得多。如何理解这近在咫尺的文化差异？

　　2001 年 5—7 月，跨湖桥遗址完成第二次发掘（图 3-7）。除了遗址的独特堆积让人叹为观止（遗址之上叠压 4 米之厚的纯净淤泥，后来确认为海相层），最大的收获是陶器方面。整理过程中修复的陶器达 150 余件（图 3-8），器物群的呈现比第一次发掘更为完整，在许多方面使发掘者产生了认识上的震撼。当然，最令人关注的还是遗址的年代。2001 年 11 月，北京大学考古文博学院碳十四实验室发布了第二批测定数据。经过数轮校正，测年数据均落在距今 7200 年至 8000 年，整体上突破了河姆渡遗址距今 7000 年的上限。

　　2002 年 3 月召开的"跨湖桥遗址学术研讨会"取得了戏剧性的效果。跨湖桥遗址年代依然存在争议，却被评为"2001 年全国十大考古新发现"（图 3-9）。

浙江省文物考古研究所、杭州
市萧山区博物馆联合发掘的"浙江
萧山跨湖桥新石器时代遗址"入选
2001年全国十大考古新发现。特发
此证。

国家文物局

中国考古学会 中国文物报 《文物天地》杂志社

2002年4月

图3-9 十大考古新发现证书

2002 年下半年，我们对跨湖桥遗址进行了第三次发掘。经过第二、第三次发掘，
文化内涵解读进一步丰富，文化的特殊性与整体性更充分地表现出来，其年代
才慢慢得到学术界的认可，"跨湖桥文化"得以命名。

跨湖桥遗址出土了栽培稻遗存、中国最早的独木舟（图 3-10）、漆器等，这
些都足以证明长江下游及附近地区在中国乃至世界史前文明史上的地位。但跨
湖桥遗址最重要的意义也许是在认识论上的——"跨湖桥文化"的概念打破了
浙江新石器时代文化研究中以河姆渡—马家浜文化、崧泽文化和良渚文化为纲
领的直线型认识框架，指出了历史发展的多元性与复杂性，标志着以杭嘉湖、
宁绍平原的新石器时代文化代表整个浙江的新石器时代文化这一模糊性认识阶
段的结束，在某种意义上，浙江的史前考古研究因此迈入了一个新的、更为成
熟的时期。

跨湖桥遗址发现和发掘的传奇经历在社会上造成了一定的影响，实际也成
为跨湖桥遗址影响力的一部分。因此，2009 年跨湖桥遗址博物馆建成后的第一

图3-10　独木舟遗迹

次展陈策划不自觉地将重点放在遗址发现的震撼性及其发掘过程的曲折性上。

比如，获评"2001年全国十大考古新发现"成为重要的展示内容。考古队领队蒋乐平在第一次"跨湖桥遗址学术研讨会"上向严文明、毛昭晰先生介绍遗址出土陶片的照片突出而醒目（图3-11）。又如，发掘探方的具体分布、深厚海相层以及独木舟的出土位置的展示，无不体现了展陈者对遗址呈现的沧海桑田变迁的感慨（图3-12）。这样的展览意图同样体现在"前言"和"后记"上，"后记"特别对遗址被海侵淹没后跨湖桥先民的去向进行了追问。

2021年重新布展，时隔10年，我们对跨湖桥文化的认识大大加深了，因此理性成分有所提升，内容展示更为从容。这主要体现在对跨湖桥文化来龙去脉的认识有了明显的提高，跨湖桥遗址不再孤独，上山文化作为跨湖桥文化源头的认识得到确立，跨湖桥文化的分布范围也逐渐清晰。随着井头山等遗址的发现，我们对跨湖桥文化与河姆渡文化关系的认识也加深了一步。同时，遗址出土文物移交工作完成，展陈文物的丰富性和完整性都得到了保障，几件重点文物如漆弓、踞织机、陶轮轴都现了"真身"，不再用复制品替代；陶器数量丰富，可以进行模块化陈列。因此，如何更好地提炼跨湖桥文化的历史价值和遗产地位，并进行更明确的表达，自然成为这次展览的努力方向。

2013年，蒋乐平在《钱塘江史前文明史纲要》一文中，首次提出跨湖桥人是东南沿海河口平原区的第一批征服者的论点，这提升了跨湖桥文化的价值定位。其立论的主要依据有两点：一是跨湖桥文化是迄今发现的中国东南沿海低海拔地区最早的定居者，近年发现的井头山遗址海拔更低，但其与跨湖桥属于同一种文化类型；二是跨湖桥人对这一片土地的占有历尽波折，后因海侵被迫迁徙，直到河姆渡文化时期，这一区域的水文环境才真正稳定下来，具备了长期定居的条件。这体现了跨湖桥文化某种开拓、探路的悲壮特质。联系跨湖桥遗址的所在位置恰好处在著名诗句"弄潮儿向涛头立，手把红旗旗不湿"的钱塘江口，跨湖桥人搏击海潮的形象有了一个更为立体的呈现。2018年，跨湖桥遗址博物

图3-11　蒋乐平向
严文明、毛昭晰介
绍出土陶器（上）
图3-12　遗址的海
相沉积层（下）

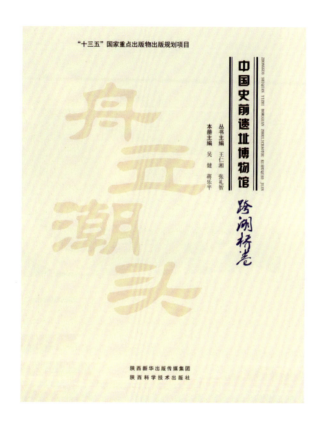

"十三五"国家重点出版物出版规划项目

中国史前遗址博物馆 跨湖桥卷

ZHONGGUO SHIQIAN YIZHI BOWUGUAN ZHEI XIEANYOU KUAHUQIAO JUAN

丛书主编   王仁湘 张礼智

本册主编   吴 健 蒋乐平

陕西新华出版传媒集团
陕西科学技术出版社

图3-13   《舟立潮头》封面

馆主编的一本通俗图书，用"舟立潮头"作为书名（图3-13），开始将跨湖桥遗址与"勇立潮头"的浙江精神联系起来。这次展览的筹备阶段，又处在提倡民族文化自信的历史背景下，博物馆工作备受重视，"勇立潮头"成为最贴切的展览名称，为这次展览内容赋予了时代特质，也为展览形式和内容提供了方向。

（二）内容的梳理

1.大纲的初步构思

展览大纲的撰写者是跨湖桥遗址的发掘者蒋乐平。在他初拟的文本里，展览内容分为"序厅""远古部落""创造之旅""文化源流""部落学校"等五个单元，这确定了展览的基调。

大纲文本饱含诗意和激情，从中可以看出发掘者和研究者对遗址所投入的近20年的思考和深厚的感情。文本大纲的每个重点单元的开头，都有提供给设计者作为情景思路参考的"题词"。这里可将该部分挑出来，作为整体思路介绍。

（1）序厅构思

主题：潮与舟

造型：独木舟特写，与海潮（钱江潮）的背景元素艺术性结合，寓有"舟立潮头"
之意。背景镶嵌"回首八千年"五字。
前置"前言"石碑。

（2）"海底的遗址"题词

下面将要走进展陈大厅，

我们感受到一种幽静、深邃和晃眼的波影，

这是潜入了海洋深处吗？

是，我们去探秘一个古老的遗址。

7000年前，这个遗址被海潮吞没。

……

此刻，我们走近并触摸到了遗址。

（3）"冷暖之间"题词

我们潜至"海"底深处，

从文化层尘粒的间隙，看到一缕阳光，

阳光向远处铺洒，渐渐开阔，

我们来到了8000年前的湘湖谷地。

山谷与湖水之间，松香与稻花之间，鹿鸣与虎啸之间，

哦，这是一个远古的聚落。

（4）"古湘湖聚落"题词

茅舍点点，炊烟千年，

这是跨湖桥人的田园、家乡。

禾绿稻黄，犬吠猪突，春去秋来，

道路的连接处，又一次的祭祀，传来丰年的祈祷。

农业生活已经出现，

采集、狩猎依然是当时最重要的生业方式。

男人用弓箭射飞禽走兽、用倒钩的长矛刺杀河鱼、用飞石长棍围歼牛鹿；

女人采摘橡树、桃树、杏树上的坚果、水果，还有湖边的野菱、芡实。

夕阳斜照，釜甑飘香，围坐聚餐，

篝火边，还有野味的烧烤。

茅屋边牵线引梭的妇人，在操作一架原始的织布机。

更远处，一群人掘土、练泥、制陶，

陶轮在熟练旋转，

窑烟在山脚飘散。

（5）"创造之旅"题词

这是迄今东亚地区能够实证的最早独木舟，

泛舟湖海，放眼向洋，于兹开始。

器物记录千年的旅程，

智慧闪光在古湘湖的土地上。

破碎了，凭吊中的感伤，

修复的，是时间不变的情怀。

彤漆弯弓，天空可曾失色？

罐中草药，熬出的是千百年众生的福祉。

鹿角和木锥上刻的是什么符号？

彩陶片上画的又是什么图像？

跨湖桥遗址中，隐藏着，

人类向物质世界和精神世界延伸的

神奇足迹……

（6）"文化源流"题词

跨湖桥人从何处来？

钱塘江上游10000年前的上山文化

与跨湖桥文化有重叠分布，文化因素上存在继承关系，

是跨湖桥文化的主要来源。

上山文化先民，又与长江中游、淮河上游的人群有了交流，

文化的接触与碰撞，促成了跨湖桥文化的诞生。

跨湖桥人最具创造性的行为，

是试图去占据资源更丰富的河口平原，

他们来到钱塘江口，可能还到达更东面的宁绍平原腹地，

他们是第一批真正的弄潮儿！

（7）"部落学校"题词

从跨湖桥遗址发现、发掘

到遗址年代的确认及考古学文化的命名，

经过了将近15年的探索历程。

探方像打开的天窗，让沉睡的遗址醒过来，

地层像一杆标尺，丈量着历史的幽深，

碳十四年代测定技术，让我们确定合适的臂长，

伸过去，与跨湖桥人握手，联欢。

让我们一起做游戏，

让我们将时间的碎片像陶器一样修复起来，

让我们探究绳纹如何拍印，纺轮如何旋转，

让我们拉起比后羿更加古老的长弓，

看是否能够射中8000年前的太阳！

2."热点"的梳理

从大纲题词内容，我们已经可以大致梳理出展陈的内容导向，重点落在8000 年环境变迁和生态复原、古湘湖聚落基本内涵、重点文物的突出价值、跨湖桥文化的文化源流及其历史定位，以及面向观众的互动性设置等几大方面。在过去 10 年的展出实践中，我们已经对观众的兴趣有所了解。如何突出跨湖桥遗址的热点和亮点，是在展览策划中需要重点考虑的问题。针对这一点，文本大纲专门在"创造之旅"单元中辟出"重点文物"板块。

这些"重点文物"多数被冠以"第一"的名号，而在"第一"的美名背后，又都有发掘趣事和独特的认识历程，这可能与新石器时代早期遗址的独特属性

有关，无论展出还是讲解，都容易成为"亮点"，也是博物馆知识传播功能的重要体现。

跨湖桥遗址出土文物的热点或亮点体现在哪些文物上呢？

文物价值较为突出的出土物有独木舟、漆弓、陶轮轴、水平踞织机、"数卦"刻符、"中药罐"、彩陶等。

第一件是独木舟。独木舟是跨湖桥最重要的文物，也是跨湖桥遗址博物馆赖以建立的基础。跨湖桥独木舟是东亚地区迄今能够实证的最早独木舟，被誉为"中华第一舟"。

这条独木舟残长560厘米，最宽处约52厘米，厚约2.5厘米，中部大部分侧舷残去，余浅凹状的木板。从舱内底、壁的相交部位看，底面和边壁基本垂直。舟体表面比较光滑，是一条使用过的独木舟(图3-14)。经鉴定，独木舟的材质为马尾松。经碳十四测定，年代距今约8000年。

如何来突出独木舟？它能称得上"第一"吗？

图3-14　独木舟初露

通过收集资料我们发现，在世界范围内而言，西欧、北欧等地发现过同时期甚至年代更早的独木舟，因此跨湖桥独木舟难称"世界第一"。在东亚地区，日本绳纹时代的独木舟资料较多，但年代最早也只是 6000 多年前。其他地区发现的独木舟年代均较晚。但也有一些不确定的资料信息，如广西甚至发现过据称旧石器时代晚期的独木舟，但查无实证。这些信息虽然模糊，但也不能无视它们的存在。因此，我们应当从有实物展示证据的角度来定位跨湖桥独木舟，所谓"中华第一舟"，是从这个意义上来理解的。

另外，跨湖桥遗址出土的独木舟遗存并非单一独木舟，还包括与独木舟加工、修理有关的共生遗迹和遗物（图 3-15），如稳定独木舟的木桩构架，劈开的马尾松木材，加工修理独木舟的木柄石锛，以及独木舟修补的"破洞"等（图 3-16）。跨湖桥独木舟所承载的历史文化内涵、其作为实证展示的重要价值，显然是独一份的。

在初始文本中，主题展览里也有独木舟的展览内容。作为遗址馆的导引，内容还包括另一件"独木舟残件"。这件未能确证的"独木舟残件"形似独木舟端部，展陈于主展厅，可以让观众通过讲解近距离了解独木舟的构造特征。后来的实际展出中，独木舟的相关内容均移至遗址馆。

第二件是漆器。原先仅指漆弓，后来又包括陶片黏合剂和独木舟的修补痕迹。在跨湖桥遗址发现之前，河姆渡文化发现的陶漆碗被认为是世界上最早的漆器，这一纪录也因此被更早的跨湖桥遗址打破。近几年，余姚井头山遗址也发现了漆器遗存，但该遗址可归为跨湖桥文化同一属性，因此结论并未改变。不仅如此，在跨湖桥遗址中，漆既作为装饰性的保护膜，如漆弓上的漆，又作为修补器物的黏合剂，如用来修补独木舟和陶器。可见，跨湖桥遗址对漆的认识和利用证据更为充分。漆器是现实生活中常见的物品，通过具体的物证，从"世界第一"的角度，向公众传递物质文明史中的具体知识，是博物馆教育功能的体现。漆器理所当然应该被列为最重要的文物之一。

图3-15　独木舟遗迹特写（上）
图3-16　独木舟修补的"破洞"（下）

　　漆器的发现过程也是有趣的故事。2002 年冬，漆弓刚出土时，考古队员将其作为一根普通树枝进行采集。我们从未见识过漆弓，难以把握特征。又由于跨湖桥遗址的有机质遗物保存得很好，出土了许多天然的树木枝条，容易与加工或未加工的木质文物混杂。一些木器以残破的形态出土，功能不易判明。但考古队严格遵守田野考古规则，对出土遗物均作认真采集，尽量对每一件出土物都进行妥善的保存。这件漆弓出土被采集时已经断为三截，出土后技工拿给领队蒋乐平看时，已经用布条将其扎起来，后来这件漆弓与其他木质文物一起，一直用水浸泡在长圆形的塑料盆里。直到 2004 年，日本金泽大学中村慎一教授带领日本木质文物研究团队到跨湖桥进行合作研究，从塑料盆里捞出这件文物，经过更为仔细的观察，认定这可能是一件木弓。后来蒋乐平到日本访问文物机构，看到了日本绳纹时代的多件木弓，方明白日本学者对木弓特别敏感的原因。

　　但日本绳纹时代出土的木弓大多形态简单，无非是特定材质且符合一定长度的均匀木条。跨湖桥的这件木弓则非同一般，乍看与绳纹时代的木弓颇为类似，但仔细观察，工艺要讲究得多，包括用漆特征和弓柎部位的特殊处理。刚听说这是一张弓时，蒋乐平对这一判断感到惊讶和兴奋。对于容易掉落的表皮，中村慎一认为可能是树皮，因为树皮的捆扎可以增强木弓的张力和韧性，后来考古报告《跨湖桥》采纳了这一推论。但蒋乐平对此也表示疑惑，因为没有发现捆扎的特征。刚出土时，蒋乐平就注意到了这层带有光泽的褐色表皮，以为是天然的树皮，因其与他熟悉的李树的树皮接近，当时他认为这是一根李树的枝条。中村慎一认同了蒋乐平的疑惑，提出可以取一点标本进行检测，蒋乐平就选取了已经剥落的指甲大小的一小片"树皮"，随同其他木质样品一起拿到日本进行检测，后来证明是漆皮。

　　跨湖桥木弓不同于日本绳纹时代出土木弓的第二大特征，就是弓柎的存在。这一特征，也是蒋乐平后来反复观察认定的。所谓弓柎，就是中部的抓手部位，这个部位为便于抓握而进行了特殊加工，扁侧方向与弓身相反，且不见漆皮分布。

　　这件木弓的功能得到定性后，继续保存在萧山博物馆，后来萧山博物馆委托浙江省博物馆对其进行了脱水处理，但由于负责处理的人员对漆弓的器型特征缺乏认识与把握，仅作为一件普通漆器进行处理，现保存下来的"漆弓"已经失去了漆弓的具体特征，看起来真的像一截变短了的"枝条"。虽然有些遗憾，但毕竟是真实漆器的物证，通过原始器物线图和图片加以补充说明，还是能够获得较为真实的展出效果。

　　其实，跨湖桥遗址中最早被发现的"漆器"是一件陶片（图3-17）。2001年冬，技工张海真在萧山博物馆所在的祇园寺修补陶器时，领队蒋乐平发现一块陶片似乎经过粘补，但与现场正在用的化学黏合剂的色泽不一样，就问张海真这片陶片是否经过他的拼粘。得到否定回答后，蒋乐平当即认定，这是一个重要发现！难不成8000年前的跨湖桥人已经学会了修补陶器？就这样，这件陶片一直作为重点文物被保存下来。8000年前修补陶片的黏合剂用的是什么材料？这成为一个最大的谜题。

图3-17　陶片黏合标本

直到 2017 年，蒋乐平联合浙江大学张秉坚团队负责浙江省文物局的"浙江新石器时代黏合剂痕迹的检测与研究"课题，才正式将黏合剂定性为大漆。

也是在"浙江新石器时代黏合剂痕迹的检测与研究"课题研究中，提出了独木舟破孔的修补技术问题，并进行了残留物提取，同样分析出大漆成分。这三件器物演绎了一段跨湖桥遗址的"漆器"小故事。

第三件是木质轮轴，这是最早的陶器轮制技术的物证。在过去的考古认知中，距今 6000 多年才出现轮制技术，比如仰韶文化就被确认出现了慢轮修整技术。跨湖桥文化轮制技术特征的认定，源于对跨湖桥遗址年代的争议。

在 2002 年第一次跨湖桥遗址学术研讨会上，与会专家对跨湖桥陶器超过河姆渡陶器的"先进性"表示惊奇，面对制作规整、陶胎匀薄的陶器群，尽管有一部分专家抱着否定的态度怀疑年代测定数据，但也有专家认可跨湖桥遗址的年代，并努力寻找陶器精美形态背后的原因，严文明先生就是其中的代表。当看到一件黑光陶罐颈部均匀的旋纹（弦纹）时，严先生提出了当时可能出现了慢轮修整技术的观点。蒋乐平受此启发，开始将考古报告《跨湖桥》中定名为"砧形器"的一件木器，指为轮盘底座的"轮轴"。因为这件"砧形器"底座稳定，上部有一个磨损痕迹明显的"轴头"（图3-18）。后来下孙遗址出土了一件残缺的石圆盘，有研究者将两者联系起来，认为其是与轮轴配套的陶轮。但这件残缺的石圆盘未见与轮轴套合的轴孔，体量也过于厚重，很难确证就是轮轴的配套器物，与轮轴配合的陶轮是石器还是木器值得进一步研究。通过器物的功能判断还原人类行为，是考古发现背后最让人感兴趣的话题。不可否认的是，器物与行为之间总是存在距离，但只要解说有理有据、自圆其说，就能够得到公众的关注，并给参观者带来想象的空间。以轮轴为依据的轮制模型，从 2009 年首次展出就成为重要的展品，本次展览又做了进一步的提升。

第四件是"中药罐"。跨湖桥遗址出土了一件稍有残缺的绳纹小陶釜。出土时，其倾斜委弃于泥土中，器内盛有一捆形相一致的植物茎枝，长度为 5 至 8 厘米，

图3-18 轮轴

单根直径一般为 0.3 至 0.8 厘米，共 20 余根，纹理结节均很清晰，比较整齐地曲缩在釜底。茎枝之间不夹杂泥巴，与底腹的接触面也十分清爽。从现象观察，这捆植物茎枝在陶釜被丢弃前就在釜内，在丢弃过程中茎枝没有变得散乱，而是紧密地粘连在一起，比较符合茎枝被煮软后的特点。另外，陶釜外壁有烟熏火燎痕迹，证明其确实经过火炊。这些茎枝不可能被直接食用，经过综合分析，这捆茎枝当属因故（陶釜破裂）丢弃的煎药材。

2001 年夏，这件器物于考古队员孟国平负责的探方里被发现（图 3-19）。按照

图3-19   "中药罐"出土

生活常识，大家凭直觉认定其为"中药罐"。后来，蒋乐平将"药材"的部分
样品送到胡庆余堂、浙江中医药研究院、浙江农业大学生命科学学院，希望进
行合作研究。但无论是药厂员工还是大学老师，都对其价值认识不足，胡庆余
堂药师将其定性为"茎枝类"。一些送去大学实验室的样品也没有保存下来，
其余样品一直保存在萧山博物馆一间工作人员的办公室里，后来办公室调换人
员，原来的管理保存缺乏延续性，很遗憾没有保存下来。因此，这件小陶釜成
了唯一的有关最早的"中药药材"的展示文物。所幸的是，发现现场和"药材"
图片都很清晰，依然是文物展示的有效补充。

　　第五件是踞织机。这是一件复合文物，由不完全相连的部件组成。跨湖桥
遗址有"麻线"的具体遗存，发现于线轮上。另外，在一些陶片的刻画图案中，
有一种网纹图案，让人联想到原始纺织。踞织机被认为是原始的纺织器械，在
河姆渡文化研究中，宋兆麟先生首先提出踞织机的问题，认为河姆渡遗址出土
的某些文物属于踞织机的部件。其实，这些纺织部件在跨湖桥遗址也有出土。
经清理后发现，这些部件包括卷布轴、综杆、纬刀、梭子等，特别是卷布轴两
端带有槽额，是绑扎腰带的位置，骨质纬刀手握部位与打纬部位的痕迹清晰分明，

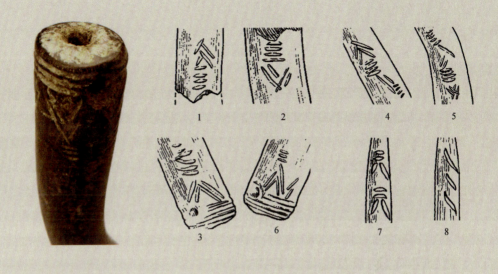

图3-20 鹿角形器上的刻画图符（左）
图3-21 鹿角形器（1-6）和木锥（7-8）上的符号（右）

可分辨布幅的宽度。根据河姆渡文化的研究成果，我们组合、确定了踞织机的概念，在新的展览中明确提出更为形象的展陈方案。

对踞织机的认识也是一个发展的过程。在《跨湖桥》报告中，除了对纬刀有一个功能性认定，其他组件均仅作描述性介绍，定名为"棒形器""双尖器"等。

除了以上几件（组）重点文物之外，跨湖桥堪称"第一"的还有彩陶和"数卦"现象。

跨湖桥遗址发现一类特殊的刻画符号，出现在一件木锥和一件鹿角形器上。

这件木锥十分完整，长为17.8厘米，截面最大直径为0.8厘米。前端呈扁舌状，正反两面分别刻有两个符号。另一件鹿角形器残为不相连的两段，总长约为33厘米。端部穿孔并饰弦纹，器身刻有数组由条、角线组成的刻画图案（图3-20）。

这些符号十分奇特，如木锥符号似可视为"二""八"的组合，背后还有形似"三"的符号。加上后来明确鹿角形器的刻符，共出现八个符号类型（图3-21）。

2002 年发掘期间，在一件木锥的舌形尖端，我们首次发现了清晰的符号，这可是距今 8000 年的遗址啊，怎么会出现"文字"？但"二""八"两个字符清晰无比。在它的背面，也发现了三撇构成的"三"。对于这一惊人发现，领队蒋乐平兴奋异常。他专门将这根木锥放在装满水的矿泉水瓶里，透过清澈的水，可以看见经过折射放大的木锥上有清晰的字符。在发现后很长的一段时间里，几乎一从工地下班，蒋乐平就会去观察这件木锥，透过矿泉水瓶的折射，他似乎看到了 8000 年的时空变幻。

在 2004 年的"跨湖桥遗址考古学术研讨会暨《跨湖桥》考古报告首发式"期间，蒋乐平特地向与会专家介绍这件木器，古文字专家曹锦炎和考古专家张居中商讨后，第一次提出了"数卦"的概念。2009 年，张居中先生带着他的研究生来到跨湖桥遗址，正式启动对"数卦"的研究，他同时也瞄准了那件鹿角形器上的刻纹，这件刻纹鹿角形器在考古报告《跨湖桥》里，是作为普通的刻画纹饰描述的，因为它不像木锥上的刻纹那样具有数字特征。张居中先生经过研究，认为这些刻纹与木锥的刻符一样，属于"数卦"。

彩陶也是堪称"第一"的发现。在这之前，距今 7500 年的甘肃大地湾彩陶被认为是中国最早的彩陶。跨湖桥遗址不但年代早于大地湾，而且彩陶的丰富程度更是大地湾所不及的。

彩陶被认为是黄河流域彩陶文明的象征。跨湖桥的彩陶表达了怎样的文明现象？它与黄河流域后来出现的彩陶有怎样的关系？这既是一个值得探索的问题，也可以作为展览讲解的题目。

对彩陶的展陈，除了文物本身，其与图片、素描图画的结合非常重要，因为许多彩陶纹饰都散布在残破的陶片上，如何集中参观者的注意力？展板的设计、空间的设计，能够带来更为真实的效果。当然，展品传递的核心，还是内涵本身。

彩陶数量超过跨湖桥遗址陶器总数的 2%，主要见于罐、圈足盘、豆三种陶器，分厚彩、薄彩两种。

厚彩呈乳白色，干厚，触摸有明显的隆凸感，脱落现象严重，从脱落后的印痕仍可辨别原来的纹样。厚彩均施于器物的外壁，如陶罐的肩部、圈足器的圈足部位。厚彩的样式有条带纹、放射纹、波折纹、太阳纹、火焰纹、点纹等。

薄彩，触摸无隆凸感，以红彩为主，红彩褪色后会变成淡黄色，多施于豆盘、圈足盘内壁，纹样有偏心、同心的环带纹、垂挂纹、台梯纹、圆圈纹等。

彩陶施于陶衣之上。也就是说，施彩之前，必须对陶器的表面进行打底处理。厚彩的打底往往是一层红衣，使乳白色的彩纹与红衣相得益彰。值得注意的是，在红衣剥落（褪色）区，还露出灰白的基底，这说明在陶器成形后，器表经过了两道上衣工序，化妆土在跨湖桥文化时期已经出现。灰白衣也并非只充当红衣的底色，一些施红色彩绘的浅盘类陶器上，衬底也是灰白或灰黄衣，说明除红衣外，灰白、灰黄衣也是陶器重要的装饰色。

跨湖桥人对器物审美的视觉要素已经有充分的认识，出现了比较成熟的审美观念。具体表现为彩陶施彩的部位往往是最醒目之处。如陶罐的红衣和彩纹主要施于肩颈部，浅盘类则见于内壁，这是因为当时没有桌几，陶器一般置于地面，人的视角向下，正面的装饰区域更能突出审美效果。

在跨湖桥文化的装饰图案中，最具辨识度且重复出现率较高的是太阳纹。跨湖桥遗址不但出土了具象的太阳彩绘或刻画文物，也出现了抽象的太阳符号。

在跨湖桥文化中，最形象的太阳纹主要是带"光芒"的太阳，多见于彩陶。这样的太阳图案在中国新石器时代并非个例。黄河流域仰韶文化彩陶中也出现过类似的图案，均被指认为太阳。在跨湖桥遗址中，这类图案可分为整圆或半圆加射线两种形式，后者表示刚升起或已落山的太阳。这类太阳纹经常出现在器物的外壁。

另外，也发现了无光芒（射线）的太阳（整圆）。这类太阳纹饰出现在豆盘的内壁，外圈与四个边弧配合。

抽象的太阳纹主要指十字纹。十字纹象征太阳，在古代世界具有普遍性。许多学者都倾向于认为，十字纹即万字纹，而万字纹象征性地表达向四方放射光芒的太阳，其简化后，光芒成为十字形的四条线，而四条线向同一方向弯折，便成了"万"字。

跨湖桥文化的一件陶罐的器耳上，还出现"田"字的图符。研究认为，"田"字符号也是十字符号的变体。

太阳是最遥远又最贴近的自然存在，它的光与热，是生命的源泉，也是原始宗教敬畏意识的来源之一，最后发展成为太阳神崇拜。跨湖桥文化中，太阳崇拜意识已经出现。

3.对"海底遗址"的思考

跨湖桥遗址是沧海桑田的真实写照。这个 8000 年前的遗址，后来被海平面上升作用下的杭州湾海潮所淹没。夸张一点，可以理解为一个"海底遗址"，这种"沧海桑田"意象，对观众是具有冲击力的。因此，在初期策划中，我们试图营造"海底遗址"的概念。

首先，我们通过考古地层展示来表现遗址的"沧海桑田"。在地层设计中，突出海相层和文化层的对比关系。上部为海相层，下部为文化层，上下比例约为 6 : 1，上部注意色泽、层理细节，下部镶嵌陶片及独木舟的头部。

这一设计思路后来是在遗址馆完成的。目的就是让观众真切体验到遗址的时空感。

在具体的思路上，突出展示跨湖桥遗址的海侵层。海侵层平行层理发育极为完全，以粗粉砂为主，还有较高含量的细粉砂，表明沉积时的水动力条件非常强烈。沉积物中含有极为丰富的海洋微体古生物，如硅藻、有孔虫、介形虫、轮藻等，这些海相性的生物组合显示沉积物来源与海洋密切相关。同时也展示了中国绿螂、海藻、牡蛎、藤壶、蛏子、船蛆等海生物品种。

为更好地体现跨湖桥遗址被海潮吞没的地理环境，可以加强展示现在杭州湾、钱塘江口与跨湖桥遗址的位置关系，让观众对时空的感受更为真切。

跨湖桥遗址位于萧山中南部的古湘湖之滨，地属杭州市萧山区城厢街道湘湖村。富春江、浦阳江从西南流来，在萧山闻堰镇附近汇入钱塘江，在遗址西北侧拐了个弯，"绕"过遗址，继续流向东北，注入杭州湾。从地理上说，跨湖桥遗址所在地区可以直通杭州湾。湘湖实际是远古海湾的一部分，成因为潟湖。

与此同时，可以将钱江潮与跨湖桥遗址被吞没事件有效联系起来。作为世界三大涌潮之一，钱江潮是天体引力和地球自转的离心作用，加上杭州湾喇叭口的特殊地形所造成的特大涌潮。每年农历八月十八涌潮最大，潮头可达数米。海潮来时，声如雷鸣，排山倒海，犹如万马奔腾，蔚为壮观。这种排山倒海的潮水气势有助于参观者对遗址的理解。

4.远古聚落的展开

远古聚落是跨湖桥遗址的核心特质。村落元素、环境元素，包括数量丰富的动植物遗存，其中大部分作为食物资源进入遗址，构成了新鲜活泼的聚落景象。该部分主要从遗址的分布解读和环境地貌两个角度展开。

（1）聚落结构

将湘湖谷地作为一个地理单元复原聚落，是因为这个谷地存在三个遗址点：跨湖桥遗址、下孙遗址和另一个被破坏的遗址点。这三个遗址点是否构成统一的聚落？起码下孙遗址比较特殊，被判断为村落的特殊功能区——陶器作坊。按照这个思路，就将湘湖聚落作为一个统一的大聚落考虑。

跨湖桥遗址西北近山、东侧临湖，遗址坐落在由西向东延伸的山前地带，面积约为100000平方米。1990年的发掘区属于古村落的中心区域，发现了房址、道路、窖藏、祭祀遗迹等。2001年、2002年的发掘区在古村落的东南边缘，即临水的湖岸位置，大量的生活垃圾堆积在临湖区域，还发现了木桩和独木舟遗迹。遗址区没有发现墓葬，可能墓葬区在村庄外围，但在居址附近发现了一座小孩的墓葬。

图3-22 簸箕与橡子壳的组合（上）
图3-23 扭曲的木桩（下）

如何在有限的展厅空间进行展示？我们用立体的土石、草木、陶器为间隔，营造原始聚落的氛围，在不同的凹凸区域、按一定逻辑布置场景。受展厅客观条件限制，空间分布可适当随意。具体分为以下若干场景。

①村落场景

结合跨湖桥遗址发现的建筑遗迹与河姆渡遗址较为丰富的木质建筑遗存复原干栏式建筑，突出跨湖桥遗址出土的独木梯，根据出土猪颌骨合理复原架空层的猪和猪舍。考古发现建筑门前有石子铺成的道路。"石子路"的存在，证明当时已经有了一定的规划，有了比较固定的生活设施。比较讲究的"石子路"，当是重要设施之间的联络道路，因此也在村落场景中展示。

跨湖桥文化属于母系社会阶段，聚族而居，有公共的墓地。但考古发掘和调查均没有发现氏族墓地，可能已经被砖瓦厂取土破坏。跨湖桥遗址只发现了一座小孩的墓葬。这座墓葬没有确定的墓坑，也没有随葬品，仅底下填一块木板，可见处置比较随意，只被埋在村落中间的房子边上，没有资格进入氏族公共墓地。这反过来也证明了氏族墓地的存在。

从发掘的情况看，湖边不见窖藏等遗迹，但遗物发现最为丰富，这些遗物是作为生活垃圾清理到这里的。由此可以判断，当时人们存在向临水低湿一侧倾倒生活垃圾的习惯，弃置、堆放垃圾，是跨湖桥人对湖岸线的利用方式之一。簸箕与橡子壳的组合（图3-22），让人联想起一个妇人站在湖边抛撒垃圾的田园剪影。

此外，考古过程中还在村落东南侧湖边发现多处木桩。木桩有扭曲现象，似受到重力牵拉，推测是系独木舟的桩木（图3-23）。

②农耕景象

具体展示重要的农具和生活遗迹，如骨耜，木铲，点种棒，石磨盘和石磨棒，甑、釜和釜支座，带锅巴的陶釜，家猪下颌骨。以成片的水稻为背景，展示耕耘、收割、脱粒、炊煮、猪的饲养。

跨湖桥遗址的猪遗骸是长江以南地区最早的家猪，这是一个重要的发现。在观察跨湖桥遗址出土的猪下颌骨时，我们发现了一个有趣的现象，它们的齿列排列往往比较混乱，这是一种驯化中途才会出现的现象。

猪在被驯养的过程中，随着饮食习惯和食物结构的改变，引起体质上的适应性改变。具体表现为颌骨缩短、牙齿特征弱化等。但牙齿尺寸的改变比骨骼尺寸的改变要缓慢很多。换言之，牙床变小了，但牙齿没有相应变小，这就出现牙齿"拥挤"现象，造成了齿列扭曲不整齐。从这一特征可以看出，跨湖桥文化时期的猪还处在不完全驯化状态。

从出土动物骨骼种属鉴定与数量统计看，跨湖桥遗址出土的狗的数量在全部动物中占比由小到大，到中晚期均占10％以上。这种在同一遗址里，狗在全部动物中所占的比例明显地由小到大的现象，在中国新石器时代是十分少见的。

釜、甑、支座都是炊煮证据。遗址出土带锅巴的陶釜残件，陶釜的微凹的口沿内，积有厚达0.3厘米的"锅巴"，"锅巴"的表面呈凹弧状，从上到下由厚变薄，这是炊煮时用圜底器做盖子时粘积的锅巴。可见，跨湖桥先民在炊煮食物时，还没有专门的器盖，大小合适的陶器或木板，都可以用来充当盖子。

陶甑是一种用蒸汽法制作熟食的炊具，一般套放在注水的釜上面，通过甑底的气孔，用沸水上冒的蒸汽蒸熟食物。甑的出现，不仅反映出熟食方法的改进，而且也隐含着食物形态的多样性。它反映出当时已经出现用米粉等植物淀粉制作出来的糕饼，因为糕饼特别适合用蒸的方法做熟。

在跨湖桥遗址中，还发现了一小捆较整齐摆置的带穗稻禾，十余根，下端未及根部，是在稻秆的中段割断，这可以说明跨湖桥人已经通过收割的办法来获取稻穗，而不是简单地摘穗。

③狩猎采集

展示相关文物如箭镞（骨、木、石）、骨镖、木矛、网坠、浮标、骨哨，经过击砸火烤痕迹的动物骨头。以山林湖湾为背景，重点突出弯弓射击、投石抛击（可能有猎犬的参与）、长矛刺鱼、摘橡采菱和河湖近海捕捞活动。

图3-24　芡实

　　跨湖桥遗址出土的狩猎工具包括弓箭、匕首、镖、骨哨等。跨湖桥人的狩猎方式，可以通过狩猎工具作复原推测，大致可分为射杀、刺杀、网捕三种方法。

　　跨湖桥遗址共出土各类动物标本数千件，大多数是作为猎物进入遗址区的，许多骨骸保留了宰杀和食用的痕迹。骨头大多被砸断，说明经历了敲骨吸髓；骨头有烧焦痕迹，说明火烤是加工肉的常用方式，一些陶釜残余物分析表明，煮也是制作熟食的方式之一。

　　在跨湖桥遗址的发掘中，我们通过浮选法收集了数量较多的植物种子。这些被采食的果实大致可分为水果类和淀粉类两类，包括橡子、芡实（图3-24）、菱角、杏、桃、梅等。

　　遗址发现的众多窖藏中，橡子是最主要的储藏对象。橡子坑的制作相当考究，先挖出筒状或袋状的坑，口部和坑壁用木料搭成井字形的护框，出土时里面的橡子还没有腐烂。这些橡子坑的功能除了储藏，可能还有通过加工来消除橡子中包含的鞣酸成分的作用。另外还有豆科、葫芦科、山茶科、蓼科的植物种子和果实。

④皮毛纺织

跨湖桥遗址的陶器纹饰中出现了网纹和原始踞织机遗存，一起证明了纺织技术的出现，此外也发现了皮毛加工的证据。

跨湖桥已经学会取用皮毛做衣服。剥毛皮首先需要有切口，脚掌也是切口的位置。由于脚掌位置肉少且骨皮相连，切割时往往会在掌骨上留下刀痕，这种刀痕在跨湖桥遗址出土的掌骨中有明确的反映。

在跨湖桥遗址的出土器物中，有一种用鹿的肩胛骨制作的刮具，通过微痕分析，器物上留下的痕迹为刮皮毛留下的。这是跨湖桥人加工皮毛的遗存，证明当时确实已经在利用皮毛了。

⑤陶器烧制

下孙遗址土坑、红烧土区及铁矿石遗迹反映了陶器制作的原始场景。跨湖桥文化尚处在陶器制作的原始阶段，还没有固定的陶窑出现。当时的陶器烧造采用平地堆烧的方法，即将器坯堆放在平地上，上面覆盖树枝柴草，再在外面涂上泥巴，形成一个较为封闭的烧造空间，以便在烧造的过程中保持温度的均匀，被称为薄壳窑，薄壳窑往往只能一次性使用。下孙遗址东部集中出现的红烧土块当是薄壳窑的遗留，因为反复使用，形成了成堆的红烧土块。

（2）古环境复原

说明遗址所在地的古环境及其变迁的信息，对正确理解先民的生存条件、物质文化基础、经济生活方式具有重要意义。跨湖桥文化所处阶段为全新世大暖期，以第四纪冰期结束、气候转暖、海平面上升为标志，开始于12000—10000年前，一直延续到现在，又称为冰后期。地球气候总体处于温暖阶段，略有波动。全新世人类进入现代人阶段，是人类的大繁盛时期。

约距今10000多年前，北半球夏季太阳辐射渐次增加，地球历史进入了温暖的全新世。这个时候，气候还没有完全稳定。约距今9000年，又出现干冷的反复，最大的降温幅度达7.8 ~ 10℃，这导致了河流水量的减少。在距今8200年前左右，河流上游先民被迫向下游河口地带转移，来到钱塘江口，跨湖桥文化诞生。

当时，古湘湖地区周边的山上可见到喜温凉气候的榆、榛、松、云杉、冷杉等高大树木，林下丛生杜鹃等灌木，再下则为蕨类植物。平地泽畔生长有大量水生的香蒲、水稻，还有其他杂草及垂柳。在河漫滩、湖沼及山涧的草滩和芦苇丛中，有扬子鳄、雁、天鹅、丹顶鹤、野鸭的踪迹。河、湖附近的树林里，有貉、獾穿行。野猪、麋鹿、梅花鹿也出没于灌木丛或较低湿的草地和森林边缘。更多的水牛和羚羊则栖息于山坡林子或稀疏草地中。

在跨湖桥遗址中发现的可用来展示的动物遗骸很多，比如圣水牛、鹿、虎、犀牛、扬子鳄、丹顶鹤等，可用于展现跨湖桥遗址的地方环境。

5.如何定位跨湖桥文化？

跨湖桥文化来自哪里？尽管跨湖桥文化遗址的年代早于河姆渡文化1000年，但已经非常成熟，并非原生型的文化现象。跨湖桥遗址发现之初，浙江乃至长江下游及中国东南沿海地区均不存在早于8000年的遗址。有研究者认为跨湖桥文化与长江中游的新石器时代文化存在相似因素，但谁影响谁，无法说清。

2000年秋冬之际，浦江上山遗址被发现，遗址的文化面貌十分原始，以夹炭红衣陶大口盆为典型的器物组合前所未见。2003年初，通过碳十四年代测定，得知上山遗址的年代早于10000年前，早于跨湖桥遗址。

跨湖桥文化源自上山文化，可为定论，这主要体现在年代的衔接、彩陶元素及圈足器等陶器类型的继承性上。但是，跨湖桥文化也存在外来因素，比如，跨湖桥文化陶器中的绳纹传统、釜和釜支座配合作为主要炊器的传统，很可能来自长江中游的彭头山文化。而彭头山文化的绳纹、夹砂陶传统，则需要追踪到华南地区新石器时代早期的洞穴文化。

彭头山文化因湖南澧县大坪乡彭头山遗址命名，主要分布于洞庭湖西部的澧阳平原，距今约8000年至9000年。彭头山文化中的绳纹陶釜（包括部分绳纹陶罐）

在第一期遗址就很普遍，而即使在上山文化晚期，绳纹陶釜也罕见。从这个角度看，绳纹及其有关联性的用釜现象，更早出现在长江中游地区。这可能与洞庭湖地区更接近华南早期新石器时代文化区有关。彭头山文化的典型绳纹釜为侈口卷沿溜肩圜底，直到第四期才出现盘口折沿的特征，这一特征在皂市下层文化得到继承。从时间上说，彭头山文化第四期的年代距今 7600 年，晚于跨湖桥文化最早期，而在跨湖桥文化中，初期的陶釜就出现大量的盘口、折沿（折颈）、绳纹特征。因此，盘口、折沿的陶釜特征，反而在跨湖桥文化最早出现。跨湖桥文化中的另一种釜，即钵形釜，也在彭头山文化中见到了，前者无颈且口多敛，而后者微有束颈。

与釜的使用相关的釜支座，也在彭头山文化中较早出现。因此，跨湖桥文化的诞生，除了上山文化的本地传承因素，也与长江中游的新石器时代文化具有相互影响的关系。

那么跨湖桥文化的去向如何？跨湖桥文化并没有因为跨湖桥遗址被海潮淹没而消失，其文化的分布范围已被证明远远超出了湘湖地区，钱塘江及其支流的上游地区，姚江流域，乃至钱塘江、长江以北地区都有分布与影响，浙江余杭的火叉兜遗址和江苏宿迁的顺山集遗址第三期，都是证明。那么，除了对外传播和扩张，跨湖桥文化的继承者是谁？河姆渡文化肯定是本地区的主要继承者，因为河姆渡文化中的绳纹釜、敛口盆及许多骨木器类型，均可追溯到跨湖桥文化。但无论从年代上还是从文化内涵上看，河姆渡文化与跨湖桥文化之间还是有断层，彩陶在河姆渡文化中的弱化及动植物刻画图案的兴起，都是明证。前面已经讨论过，跨湖桥遗址因水文环境的恶化而湮废，距离河姆渡文化在这一地带的兴起还有百余年时间，跨湖桥文化是河口平原地带的第一批弄潮儿，两者之间的空白还有待进一步的研究。

此外，鉴于独木舟的独特创造，以及独木舟后来成为南太平洋岛屿之间文化联系的重要表征，有理由将跨湖桥文化视为后来的南岛语族发生发展的重要源头，这是从开放的视角来判断跨湖桥文化对人类文明的贡献。

（三）信息传播模式的研究：以祭坛为例

　　史前遗址的解读总是存在不确定的内容，如何将这部分内容加入博物馆的陈列，且不丢失考古学家的思考过程？在陈列大纲的初始文本中，有几个以问号表示的展陈段落，意思是将问题交给观众，触发观众对考古对象的探究性参与心理。但在论证阶段，有领导与专家认为博物馆不适宜展陈不能明确进行解读的遗存。

　　"祭坛"是跨湖桥遗址展陈的一个难点，但似乎又不能回避。因为这是涉及跨湖桥文化精神信仰的一个重要问题。既然遗址是历史文化的反映，如果缺少精神文化的内容，就是不完整的。将与艺术有关的文物与某种仪式性活动结合起来，是受观众欢迎的理想展示形式。但是，遗存本身不会说话，不能完全确定如何进行呈现和解读，成为博物馆信息传播的难题。这集中体现在对"祭坛"展陈形式的处理上。

　　跨湖桥遗址的"祭坛"，到底是怎么回事？

　　1990 年发掘区发现一处分层的台形建筑，平面略呈圆形。1997 年发表的考古简报《萧山跨湖桥新石器时代遗址》中并没有对这一遗迹进行定性，仅将其编号为遗迹 B。2014 年，蒋乐平在《跨湖桥文化研究》中，将其定性为一处"祭祀遗迹"，并对该遗迹重新进行描述与分析：堆积共分 19 层，每层都发现一个"火烧面"。"火烧面"一般都有固定的形状。筑台的过程实质上表现为"火烧面"的递增过程（图3-25）。

　　受发掘面积所限，遗迹 B 没有被完全揭露。被揭露的部分长、宽各约 10 米，高约 1.6 米，共分为 19 小层，除最上层，每层都有一个浅坑结构的"火烧面"，每个"火烧面"的大小为 1 ~ 2 平方米。这些"火烧面"形状并不统一，方、圆、椭圆、不规则形状都有，周围有一些并无规律的坑洞（图3-26）。值得关注的是，

图3-25　遗迹B"祭祀遗迹"剖面（上）

图3-26　遗迹B"火烧面"之一（下）

每个"火烧面"都具有一定的烧结厚度，看似一个"浅坑"，说明每一个"火烧面"都经历了长时间的燃烧，绝非一批柴薪可以完成，而必须经过不断添加更换。但奇怪的是，遗迹并没有保存下木炭，说明木炭被有意识地清理掉了。由此看来，在这一仪式中，除了燃烧的火苗，烧土本身也十分重要，成为火之威力的象征。"火烧面"旁边的坑洞中，还出土一些人骨头片和鹿角，很可能是作为祭品出现在这里的。这说明，遗迹 B 是一处以火崇拜为内核的"火祭"遗迹。祭祀在固定的处所进行，每次都形成新的"火烧面"。为防止神圣烧土面的破坏，每次仪式完成，需要重新覆盖一层土，祭祀遗迹就此逐渐堆高。

在古代萨满观念中，"高"可以通天，才能"再生"，跨湖桥文化中的"高"，或许就是地上之火与天上之火——太阳——的对接，祈求共同作用于土地的保全。土地意识是农业社会最重要的意识之一，土地神也是农业社会最重要的神，在这个意义上，这个"火祭"遗迹实际上就是跨湖桥文化社祭仪式的遗留。

结合跨湖桥遗址出土彩陶上的火焰纹和太阳纹，可以做这样的推测：在跨湖桥遗址所代表的跨湖桥文化中，"火"的符号与观念才是最核心的，太阳不过是"火"概念的延伸，由于其与火同样具备"干、热"这一可以与水患抗争的能力，就成为可以远距离崇拜的观念性对象。而遗址中的"火烧面"，具有向水患抢夺土地的象征性意义，成为农业社会土地不可剥夺观念的象征。

这就是对跨湖桥遗址"祭坛"的解读。可以看出，这样的解读实际带有研究者认识的主观性，如果完全将解读视为遗存本身的历史内涵，就有失去客观性之虞，但如果放弃这一认识，相关遗存的展示就会失去灵魂。然而在展陈中仅仅将问题抛出来，让观众自行解读，也不是很符合博物馆的宗旨。后来，在形式设计人员的启发下，采取了"实""虚"结合的办法，创造性地解决了这个问题。

所谓"实"，就是客观介绍遗存对象，用文字和照片不加修饰地介绍和呈现考古遗存。所谓"虚"，就是以现代的呈现方式，将祭坛中火、太阳、人物、仪式形式等元素参与性、直观性地表现出来，观众甚至可以走上台子（祭坛），仰观太阳，俯察火祭场景，但不会误解为真实场景。这样，既让观众了解了考古"遗存"，又领略到"解读"的魅力，因此心驰神往于跨湖桥文化所启示的远古世界，达到了很好的陈列效果。

三、湘湖扁舟踏浪来——设计解读

（一）设计原则

跨湖桥文化与现代社会远隔约 8000 年，虽然仰赖于考古研究人员的不懈努力，取得了丰硕的学术成果，但是专业性极强的学术化表达难以对内容进行有效的传播，文物若没有准确详细的介绍，则观赏性不强。早在展陈大纲策划阶段，我们就始终围绕一个核心问题进行深入思考：如何将专业且艰深的知识进行高效而有趣的传播？

我们试图从展览设计人员的角色中跳出来，站在一个观众的角度来思考，我们想要看一个什么样的展览。换位思考的过程中，我们意识到这种换位本身就应该是展览策划的途径：将传播意识与观众意识放在第一位，引导和培养观众的观展习惯。

沿着这条路径走下去，推导出以下四个总原则：引领学习与自主探索同步，科学严谨与艺术美感统一，直观可视与想象空间兼顾，观展趣味与价值导向并重。

　　我们首先为观众铺垫好基础信息，并详尽说明各种互动方法，引发观众的好奇心与探索欲，让观众自发地对展示内容进行更深层次的学习。在设计过程中秉承"四眼原则"，时时与相关领域专家保持紧密沟通，每一个展项都做到经过自我检视、专家审核、馆方认可三大步骤，在充分发挥设计创意与艺术审美的同时做到考据严谨、绝不臆造，对于抽象乏味的知识点进行直观化展示，但不作过分解读，留给观众独立想象的空间。在设计中，我们还注重趣味性展示，丰富青少年观众的观展体验，寓教于乐且潜移默化地达成展览价值观导向功能。

　　总原则在深化执行过程中，发展成为更具体的几个设计理念。

　　第一，在布局上，系统全局观念、单体有机关联。

　　设计利用遗址馆、主题展览、第二课堂三者分区独立的特点，进行考古、展示、教育的专门指向性设计，同时又相互补充，形成有机关联体。

　　第二，在传播上，严谨而不拘谨、简明而不简单。

　　内容传播力求信息指向准确的同时，利用比对关联等手段拉近史前文化与现实生活的距离。

　　第三，在规划上，定向参观路线、自由选择视线。

　　设计遵从了顺时针参观路线的原则，在空间隔墙上做了大量的透空、漏景处理，增加视觉的广度与丰富度，满足观展的心理期待效应。

　　第四，在手法上，尊重考古实证、创造思考空间。

　　史前遗址因年代久远，缺乏关联史料记述，内容解读大量依托考古报告，所以在设计的时候尽可能客观展现考古成果，留给观众更多的思考空间。

　　第五，在设施上，多种措施并行、增加人文关怀。

　　针对展厅的标高落差，采用无障碍通道保障参观的流畅性，为体弱的游客设置充足的休息缓冲区，为视障人士设置触摸及语音的专属平台。

　　第六，在经济上，设计有的放矢、实施高效配比。

　　在设计阶段做好资金使用规划，在实施阶段关注重点、亮点、难点的投入配比。

（二）艺术风格

我们从展览主题出发，紧扣"遗址原址保护"特点，以"考古"和"浪潮"作为关键词，提取"探方""地层""波浪"等元素进行解构变化，配合土壤肌理呈现新石器时代的古拙感和雄健有力的原始韵味。在大基调统一的前提下，根据每一单元内容赋予相关联的色彩，提示和衔接整个展览，塑造展览韵律感（图3-27、图3-28、图3-29）。

设计在整体风格上贴近展览的主题与年代，在材质运用上却采取了反差极大的金属和玻璃。金属和玻璃的现代感与史前遗址的沧桑感形成了鲜明的对比，契合我们在内容策划时构思的史前与现代两个交错视角，内外两条展陈逻辑线构成了时空对话效果（图3-30、图3-31）。

不论是主展厅内的小灯箱、多媒体界面还是水下遗址厅的展标墙，都采用了多层剪影叠加的艺术处理（图3-32、图3-33）。

两个展厅的单元说明、小节说明甚至展品说明都构成了完整的导览系统（图3-34）。文物与辅助展项的关系均采取动静结合的组团展示手法，以现代技术还原史前文明，以史前文明照见现代社会。我们相信，通过设计语素的丰富多样又严谨统一，能够达成"以今见古，以古知今"的预设目标。

图3-27　序厅的"浪潮"元素（上）

图3-28　"探方"元素（下）

图3-29　遗址厅地层剖面柱（左）

图3-30　金属构件（右上）

图3-31　展厅内金属与玻璃材质（右下）

图3-32 遗址厅展标墙

（1）稻穗收割剪影

（2）石子路剪影

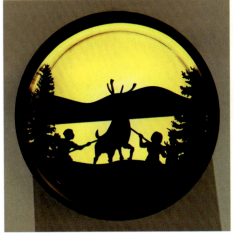

（3）狩猎剪影

（4）猪的驯养剪影

图3-33　多层剪影的效果

第二单元的单元说明

第三单元的单元说明

第四单元的单元说明

第五单元的单元说明

第一单元的单元说明

图3-34　各单元的说明

四、抱月入怀出新裁——设计思路与手法

在对核心问题进行思考的过程中，我们总结出了设计过程中遇到的普遍性、典型性的难点，并探索出六条行之有效的解决路径。

（一）文物展示量身化

文物展示是展览的核心，本次展览分别从文物形态特征和文物信息诠释两个角度进行量身化设计，共采用了五大品类、九种形式的展柜，并以多种组合方式穿插使用（图3-35）。

一是根据展示文物的体量及形态特点配置展柜，即"因形就势"。例如为了更好地保护和展示重要文物漆弓，我们设计了长条形平柜和包裹型支架（图3-36、图3-37）；为了全面体现跨湖桥文化陶器类型的多样性，设计了大通柜进行密集型展示（图3-38）；为观赏性不高却十分具有文物价值的制陶原材料，设计了互动探索型壁龛展柜等（图3-39）。

二是根据器物的考古研究成果配置组合展示形态，即"文物活化"。例如陶釜、陶甑、陶支座三者在跨湖桥先民的日常生活中往往是成套组合使用。我们在柜内陈列设计时就将这三者以整体支架进行串联，还原它们使用时的形态，并以多媒体动态展示使用方式及器物演化至今的过程（图3-40）。

陶轮底座因缺失轮盘，不能完整展现其使用时的状态，于是我们在陈列设计中采用数字化手段予以复原。陶轮底座的壁龛展柜上的光电玻璃播放陶轮的使用方式，

图3-35　丰富的展柜形式

图3-36 展示漆弓原件的长条形平柜

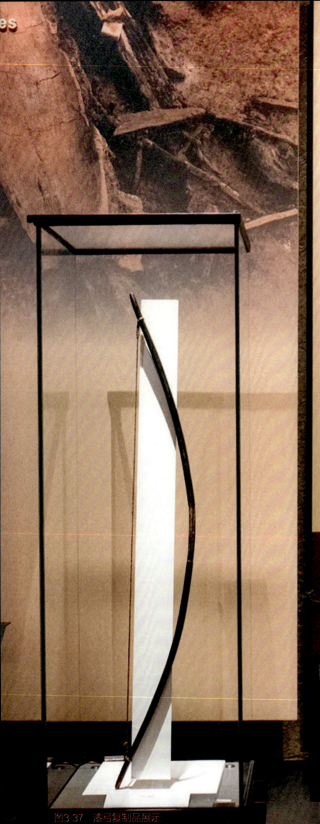

漆弓及黏合剂

Lacquer Bows and Adhesive

跨湖桥遗址出土的这张漆弓是这今世界上发现的年代最早的弓，并且兼具了号与漆两个重要的考古学术价值。漆不仅作为木器的装饰和保护层，同时也是天然的黏合剂。

漆和胶

跨湖桥遗址出土的木丹，是一块朱红示讶代，除了有卡因学光彩漆木丸定足的，余加经漆身，以保存的精头者，泺皮等装佳，用团而漆。

与现代里用的化学漆不然是，生漆，刀时中园是，是属于科天然状之产品，谋是含树夜间上的分成布，两刀刻讨则注，使有天气水流体流出，现为生素，自然体上冰上一层，得干物后，要依仪或之铒美用的保护作用，漆漆参力的避漆之坪，百也参为了使刁久固间使，但他不同装身美用莫果的方道水。

河姆渡文化出土的一片淀泰涨，一登被认为是中园最早的漆器，两说国生漆的使光历史便早到6500年，证明中国是世界上最早使光泰天然漆的国家，跨湖桥漆行的发攻，又將这一品史使早了7100余年。

跨湖桥的良风不思用漆作为木涛的装饰和保护层，几且不同漆的胶气进行了谢劲的凯枫，西湖桥遗址发现一对外红内原皮盒的口沿残片，长约6.7厘米，宽约4.5厘米，一刀为鬼剥的圆漆盒之，一边厚眸浆圆角的残盒，这一片盒皆然是二遭漆，因为盒断了之上及塑有裸化色的木漆擦胶黏化，谋过去发晚边栩杆的寿佬入同样晚测黏好，二次讼剥看与轮样杆的制器整宽厚十120 2厚米。

脱了涂导与黏对，跨湖桥遗址出土的技木丹上也有漆的装饰，掀木丹的中间，有一个较过栩杆的孔闪，在技木丹的既双孔之财，这个经过栩杆的被圆同末彩发晚现，迩婚锦补装等妆时，直劝面木丹经过长期浸泡和脱水保护后，这个孔肌及补木才晚发现，在孔肌与补木之间的辙缝中，发现了黑色的胶黏刎。

专家对藏木弓的涂漆（A），技术丹的胶黏刎（B1）和黑片的胶黏刎（C1）进行红外谱图分析，将以三种大漆为标准的吴断，图中上面三条曲线为这辅漆颗的红外酒谱线，数便聚耗，三种不同漆的特征红光谱有明析址，样品A，B1和C1的红外谱也经含部分近谱酒的特征峰，因此美可竹的涂圈以及技术木丹和黑片上的胶黏刎可能含有天然生漆。

红外谱图

图3-37 漆弓复制品展示

图3-38　通柜密集型展示（上）
图3-39　探索型壁龛展柜（下）

整体

局部

柜门打开视角

柜门未打开视角

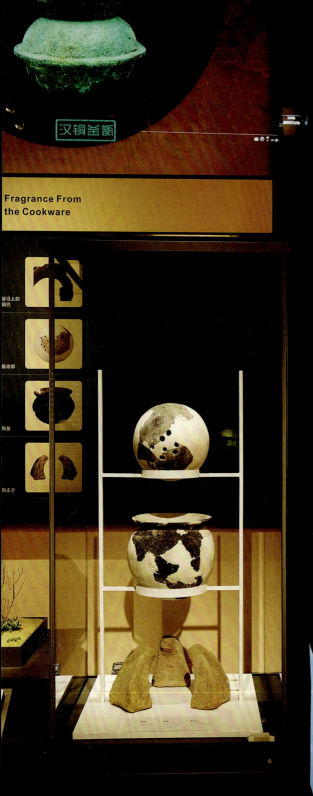

汉铜釜甑

Fragrance From
the Cookware

釜泊上的
锅巴

瓶底部

陶釜

陶支子

跨湖桥先民的日常饮食品种多样、营养丰富，不仅有主食类的稻米和植物果实，还有肉类、蔬菜和河鲜。他们对于不同的食物采用了各异的烹饪手段，如直接炙烤肉类，用釜炊煮杂食，甚至还发明了甑用以蒸制稻米与糕饼。遗址出土的炊具与食物遗存，无一不体现出跨湖桥先民精湛的食物加工技术。

Kuahuqiao people's diet included a great variety of nutritious foods, such as rice, fruit of plants, vegetables as well as protein, such as meat and food from nearby water. They chose different cooking methods to process their raw foods, such as roasting meat, boiling mixed food, and they even invented *zeng*, a cookware that steams rice and cake. These remains of food and cookware demonstrate the exquisite food processing of the Kuahuqiao people.

炊煮蒸烤

图3-40　还原组合展示

与轮制陶器关联展示，呈现整个制作过程与成品。此外，还有踞织机与纺织形态、织造原理数字化模拟的组合型展示等（图3-41、图3-42）。

（二）推论假定情景化

　　史前文化的生产生活可以通过考古学术研究进行初步推论，设计的任务则是借助一些手法对其进行情景化展示，帮助观众更直观、更深刻地理解史前文化。雕塑、绘画类手法是最为有效的形式，但这种类型的设计创作最难的是做到科学性与情节性兼顾。

　　跨湖桥遗址出土了猪下颌骨，经研究表明其具有家猪特征，说明当时已有了家猪饲养行为，甚至是目前能确定的中国南部最早的家猪遗存。跨湖桥遗址同时也发现了狗的骨骸，证实了驯化狗的行为也已经出现。因此，我们想创作一幅跨湖桥先民的生活图景，对当时已经驯养家畜的史实进行形象化表现，但如何有机地把这些元素与跨湖桥聚落合理融合到一个画面里，却令人绞尽脑汁。

　　我们查阅资料得知，南方潮湿的气候条件和频发的水患迫使先民创造了干栏式建筑作为居所，并利用建筑下方的架空层进行家畜饲养。这本来是展现跨湖桥先民生活智慧的好例子，但在创作中我们遇到了一个尴尬的问题：在建筑下方画上猪圈的栅栏后看不到里面养的猪。设计师回忆起小时候家里养过猪，猪饿了拱破栅栏的场面给其留下了深刻印象，所以在画面上设置了这一情节，这样建筑下方养猪的信息就能够清晰全面地展现了。猪拱破栅栏后被狗发现了，狗立马狂吠给主人报信，于是狗的角色也自然地出现了。这样一来，通过一个小画面就能把干栏式建筑形态功能特征、先民驯养家畜的行为都表现到位，而且具有很强的故事性（图3-43）。

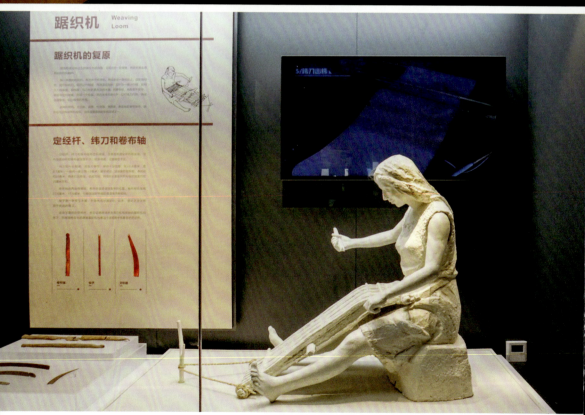

图3-41　多媒体组合展示（上）

图3-42　动静结合展示（下）

　　独木舟是跨湖桥博物馆的立馆之基，作为最为重要的文物，它是如何被制造出来的，是我们一定要向观众说明的问题。通过研究独木舟表层锛剁痕迹，结合遗址发现的石锛工具和固定船体的木桩等，我们可以推导出"独木舟是一根整木经过石锛石凿加工而来"的结论。

　　但独木舟真的就仅靠人工挖凿吗？制造一条独木舟，从取材到剖挖成形，工作量巨大，即使用金属工具也非易事，更何况当时用的是锋利程度有限且容易崩缺的石锛。独木舟上的火烧痕迹分明透露出其制作有更为复杂的工艺流程。我们广泛翻阅关于独木舟的研究论文，并与舟船制作人员多次交流，再参考世界上其他拥有独木舟的地区——例如南亚、非洲的一些部落制作独木舟的技术，参考现代制作独木舟的技艺视频等，终于发现了关键环节——火焦法。先民首先选择一棵合适的大树砍下，用火烤不需要的部分直至烧焦，以此来让树干变得疏松，便于砍凿。然后用石斧或石凿砍、凿出一个长槽，用火烧掉木屑。这样烧焦、砍挖的过程需要反复多次，才能凿成比较理想的独木舟形状。为确保只烧到准备挖掉的部分而保留需要的舟体部分，他们在需要保护的位置涂上湿泥，用火烧烤未涂湿泥的部分，最后用石锛剖挖成型。先民对砍下的木材也物尽其用，剩下的木料就做成了桨。

　　独木舟的制作细节逐渐清晰起来，我们的设计终于可以顺利开展。按照制作流程，从砍伐树木到成品大概有六七个阶段，在反复对展项具体形态和展示空间的结合进行试验后，我们选取了最能体现跨湖桥文化技艺高度的四个阶段的工序，根据严格考证得出的诸多细节创作了微缩场景，把独木舟的制作工艺情景化地展现给观众（图3-44）。

　　展陈中还有很多展项和展板，都是以推论假定情景化的手法展示考古学界尚有争议或者暂时无法确定细节的阐释内容，这也是目前较为合适且效果良好的一种表现手段（图3-45至图3-53）。

图3-43　农耕生活创绘手稿（上）

图3-44　独木舟制作流程创绘手稿（下）

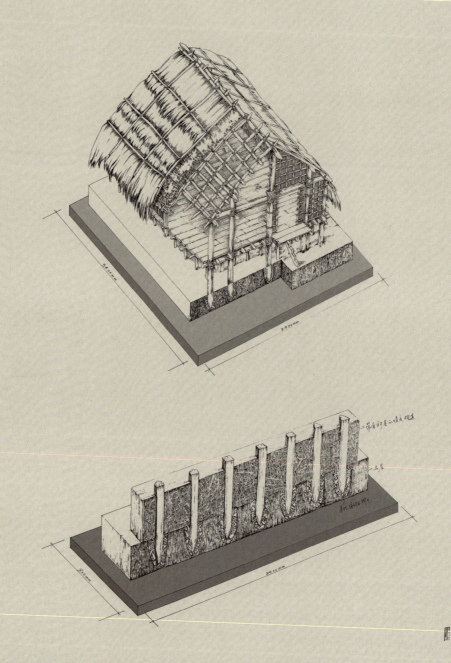

图3-45　干栏式建筑模型创作手稿（上）

图3-46　土木混合建筑模型创作手稿（下）

独木舟

图3-47　聚落生活创绘手稿（上）

图3-48　捕鱼微缩模型创作手稿（下）

图3-49　陶器制作创绘手稿（上）

图3-50　玉璜制作创绘手稿（下）

图3-51 踞织机创绘手稿（上）

图3-52 纺织缝补创绘手稿（下）

图3-53　割漆微缩模型创作手稿

（三）古今视角贯通化

　　文学作品常常使用比喻、拟人、通感、对比、借代等修辞手法在创作者与读者之间建立共鸣，来帮助读者更好地理解和感受内容，也使文字更具生动性与艺术性。展览设计也是同理，经常通过对比、特性关联等方式帮助观众调用已知经验去感受未知事物，就像在文学创作中使用修辞手法，可以让晦涩抽象、难以领会的事物变得浅显易懂。观众通过现代生活经验与史前文物功能上的关联性，能够更迅速、更直接地理解文物，领悟文物背后折射出的文明高度。

　　举例来说，中国是世界上最早使用蒸汽烹饪的国家，而甑就是一种用蒸汽法制作熟食的炊具。"蒸"的读音，就来源于"甑"。跨湖桥先民使用甑来蒸制稻米与糕饼。甑一般套放在注水的釜上面，通过甑底的气孔，用沸水上冒出的蒸汽蒸熟食物。这种烹饪方式在充分利用热量的同时保证了食物营养的流失最少，因此蒸成了当今最主要的烹饪方式之一。现在我们常用的蒸锅与甑就是一脉相承的。动画《蒸锅进化史》在光学玻璃上展示从甑到现代蒸锅的演变历史，把时间轴从远古逐渐拉近到现代，让观众在观看过程中得到"甑"即"蒸锅元祖"的概念，在准确传播的同时用亲切感加大了传播力度，提高了记忆强度（图3-54）。

图3-54　动画《蒸锅进化史》截图

图3-55　木铲古今关联展示

　　古今视角贯通化手法也运用在了许多其他同类型知识点的传播上：骨耜与木铲都和现代农业工具铁锹关系密切，锯齿形骨器与现代锯条如出一辙，等等。抓住这些文物与现代工具的关系，我们就可以用剪影光筒的形式进行有机关联，将文物与现代注解连接起来（图3-55）。

（四）展示手法创新化

　　我们在展陈中注重灯光的设计，始终保证炫光值低于国家标准，在营造舒适观展条件的同时，还充分利用光语言作为有效的展览辅助手法。小到定格先民生活情节的剪影光筒、营造太阳崇拜神圣感的剧场氛围光、表现祭祀神秘感的动态光影装置、体现文明曙光的灯光切换场景，大到利用冷暖光凸显主辅展品的展厅空间、点线光综合构建的极具视觉丰富性的遗址保护空间，光语言都为展览注入了新的灵魂。

　　例如，祭祀光影艺术装置位于一个三角形的死角空间，在这样狭长的异形空间做设计是非常有难度的，何况展项设计既要有传播价值，又要达到唯美的视觉效果，还要充分利用空间，更难的是造价不能太高。诸多限制令人发愁。在搜肠刮肚的思索中，设计师脑海中浮现出小时候听过的一个故事：从前有位禅师为了选出传承衣钵的人选，给弟子出了一道题，即用最少的钱买一件东西，能把整个房间装满。第二天，有的弟子买来了稻草，有的买来了棉花，可是他们都没能把屋子真正装满。最后一位弟子从袖子里取出一支蜡烛，把它点燃，烛光立刻照亮了整个屋子。从这个故事里，设计师得到了启发，那就是：光。展项将三角形空间的底边作为观看角度，以太阳纹、天梯纹为主要元素，采用传统走马灯手法制作出祭祀动态光影装置。随着装置的转动，光线将跨湖桥先民祭祀的景象影影绰绰投射到墙面上，观众从固定观看角度"窥视"这一情节，激发观众主动探究欲望的同时，极具艺术感地打造

图3-56　祭台剧场

出远古神秘的气息。

　　与光影艺术装置相对的是祭台剧场，剧场中心下沉区域以祭台形态为原型设置了曲面主题投影区（图3-56）。跨湖桥文化中，火的符号与观念是最为核心的，影片以此为题眼，体现跨湖桥文化尚火克水的朴素二元哲学观。上方以太阳纹为顶面元素，四周墙体凹槽处嵌入红色光柱，既代表了太阳光束下临万物，又象征着火焰燃起时的熊熊火光。光效与影片营造了一个神圣炽热的半包围沉浸式影音空间。

　　光的运用贯彻展陈设计的始终，并在尾厅得到了集中体现。作为展览的收尾，尾厅不仅要起掌控展览节奏的作用，还要加深观众感受，引发观众沉思，进一步烘托展览氛围且延伸展览意蕴。我们采取首尾呼应的手法，设计了一组雕塑，与序厅的雕塑遥相呼应，也符合策划中远古与现代两个视角转换的设定。原本的方案，是在雕塑的身后以影片展现跨湖桥文化的辐射范围，达成动静结合的展示效果。但是考虑到旁边有不少多媒体展项，影片与其他展项会互相影响，也容易引起视觉疲劳，所以要换一种"动静"手段。最终我们选择了在雕塑外设计一层覆盖了单透膜的玻璃，膜上喷印跨湖桥文化的多方传播路径。在内部数控灯光亮起时，观众可以透过玻璃看见里面的雕塑"文明曦光"；内部灯光熄灭时，则呈现出外侧的文化传播路线图。内外轮番联动，讲述跨湖桥文化的兴起与流转，凸显跨湖桥先民的足迹、跨湖桥文化发展过程与跨湖桥精神所彰显的力量在文明之初为世界文化做出的贡献（图3-57、图3-58）。

图3-57　跨湖桥文化传播路径〔上〕
图3-58　"文明曦光"组雕〔下〕

（五）信息传达组团化

　　展陈内容的信息组团，需要首先将展陈中的知识进行梳理和分级，确定核心知识点，并且将与此点相关的拓展知识进行整合，再将与这些知识节点有关的物件和视觉信息集中展示，最后通过多种媒介的组合关联综合传递信息。

　　在跨湖桥的展陈设计中，我们就采用了信息组团、分级传播的方式，将展品与展柜、展台、装置有机组合，把展览信息按照重要程度分层阐释。甑是跨湖桥遗址发现的炊煮器里很有特点的文物，是我们现在蒸锅的鼻祖。我们按照甑、釜、支座三者之间的使用关系进行组合陈列，将甑的功能和原理呈现出来。在展品陈列上方利用一块光学玻璃展示了甑的使用和发展历史，配合图文看板和微缩模型小场景，使观众在认知器物的同时感受先民的创造智慧。光学玻璃可以双面成像，远远地就能吸引观众的注意力，凸显文物的重要性。

　　跨湖桥文化的石、木、骨、陶文物都具有极高的工艺水平和实用价值，要想将这些文物所反映的先进性展现得更为全面，引起观众对跨湖桥文化高度的认知，设计就需要利用多种手段配合展示。以石器为例，我们在文物陈列和图文展板的基础上，设计了遍布各单元的剪影光筒，展现石器的使用方式及其与现代工具的关联。在静态展示之外，以多媒体影片详细展现各类石器的制作过程，放大文物上值得探究的细节，并加以通俗的解析。此外，我们还以原比例制作石斧、石凿等文物复制品，配合展台上陈列的仿木模型，供观众进行实际操作，体验先民的生活与对自然的利用（图3-59、图3-60）。

　　跨湖桥先民是中国南部地区最早开展家猪驯化行为的人群，跨湖桥出土的猪下颌骨上错位的牙齿就证明了这一点。但是观众仅通过文物展示和图文解释，不能直观看出野猪是如何一步步变成家猪的。为此我们设计了刻有野猪、原始猪与家猪三个阶段形体的透明板，观众通过叠片比对的方式，可以充分认知猪的驯化之路，从而了解到跨湖桥先民饲养的猪正是位于野猪到家猪变化过程的

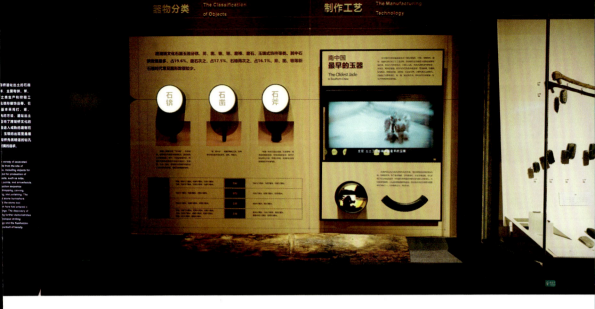

图3-59　石器信息组团

图3-60　石器使用互动

中间环节。

这种展台集文物、模型、多媒体、图板、互动手段为一体，围绕主题多角度阐述，比起传统的线性展示，更能加强观众对展陈主要内容的全方位清晰认知和记忆，达到非常好的传播效果。

（六）互动参与实操化

近年来，博物馆的社会教育职能越来越重要，而未成年人教育是博物馆工作中最富活力的因子。纵观我国绝大多数博物馆，整体的、面向大众的展览佳作频出，但在满足未成年人观展需求方面，与西方一些发达国家的博物馆还有一定的差距。美国波士顿儿童博物馆坚信"我听到的容易忘记，我看到的容易记得，我亲手做的才真正了解"。我们日常生活中无数的例子都说明，任何事情只有自己亲自尝试，才能真正地认识、理解与掌握。

针对史前类展览专业性较强、不易理解的特点，我们有意识地尝试用一些参与性展项与体验型装置引导青少年观众主动参与和探索。设计初期设置的参与性展项比较多，但预想到后续会增加馆方管理服务投入，又会产生大量的维护维修需要，我们在数量上进行了精简。最终，我们保留了木捣槌体验、家猪的进化比对、石器的使用、陶器的修复等几个简单有趣的互动实操展项。从开馆后的反馈情况看，这些装置深受青少年观众的喜爱，他们在家长的引导下的确能达到尝试体验和学习认知的目的（图3-61）。

未成年人处在脑力和身体都快速生长发育的阶段，他们探索欲望强烈，精力充沛，动手能力强，但对接受单调枯燥的知识缺乏耐心。针对青少年的这些特质，我们在展览中需要有相应的措施去引导少年儿童通过实践真正地理解和

图3-61　野猪、原始猪
与家猪叠片对比

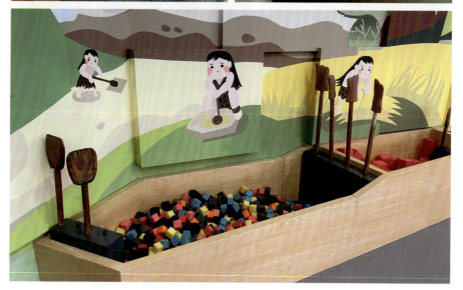

图3-62　陶器修复互动（左上）

图3-63　木捣棰使用互动（右上）

图3-64　木铲和骨耜使用互动（下）

吸收知识。让文物展品变得"可触摸""可操作"，利用少年儿童爱玩游戏的天性设计一些寓教于乐的互动游戏和场景体验，是值得探索的（图3-62、图3-63、图3-64）。

五、潋滟霓虹共潮生——数字化呈现

优质的数字化呈现手段，可以极大拓宽展示内容的维度，更加全面地展现博物馆藏品的珍贵价值，发挥出博物馆的更大作用。比起传统展示手段，数字化技术的生动性、可持续性、可参与性特点及带来的沉浸式体验都能让观众获得更鲜活的观展感受。

（一）助力文物价值的体现

在古湘湖生态环境的展项上，我们以考古发掘的动物标本文物为依据，由局部反推全貌，并结合植物标本文物和气候演变研究，还原出8000年前的生态环境，通过多媒体互动的手段使标本的价值得以最大化和精准化地体现，将隐藏在文物中的信息转化成为观众易于接受的形态，从而更好地体现出文物的价值及其与展陈主题的关联。同时运用多媒体的可参与性特征，让观众在获取知识的同时，能够得到操作的乐趣，增加记忆深度（图3-65）。

图3-65　古湘湖生态环境多媒体影像

（二）助力细节信息的传播

　　跨湖桥遗址发现的木锥和鹿角形器上刻有一类特殊符号，这可能是我们目前所见到的最早的与数卦有关的符号类型，对我们更进一步地认识我国传统文化的起源与发展具有重要意义（图3-66、图3-67）。

　　这两件文物地位虽然非同一般，体量却都较小，上面的刻符更是难以观察。为了使观众能近距离地观看细节，我们采用了平柜进行展示。由于要保证文物安全，

图3-66　刻符鹿角形器（上）
图3-67　刻符木锥（下）

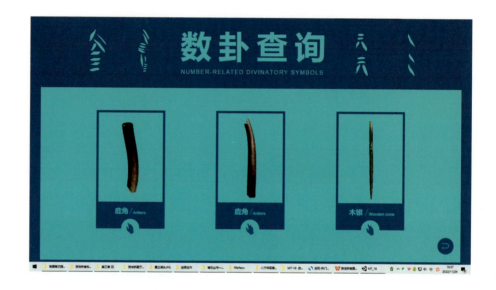

图3-68   数卦查询多媒体

观众与文物保持着一个展柜的距离，即使贴着展柜玻璃，也要很费劲才能辨别出刻符的大致形态。原本我们想过用一个常规手段作为辅助：在展品刻有符号的位置配合放大镜装置展示。可是这样一来，不论从哪个角度看，都破坏了展品视觉上的完整性。所以，我们最终选择了数字建模再现的多媒体手段，观众可以在触摸屏上对展品的数字模型进行 20 倍的缩放，还可以任意调整角度，让展品细节一览无余。通过这一装置，观众不仅可以自由定制独属个人的观看体验，还能由此对展示内容有更全面的理解（图3-68）。

图3-69   《火的祭祀》多媒体短片

（三）助力抽象信息的具象表现

跨湖桥文化是在与水患的抗争中成长起来的，水火相克理念在跨湖桥文化中已经形成。跨湖桥先民从克水的观念出发，形成了尚火的朴素信仰。深厚的海相沉积层、陶片上的太阳纹符号、土台遗址等遗迹遗物充分证明了这一理论。这种抽象的、精神层面的展示内容，要以一种具象的形式传播，最有效的手段就是多媒体影像技术。

我们以叙事性的手法，创造了一个名为"火的祭祀"的小剧场，运用太阳纹及土台遗迹元素构建了类似于传统文化中"社"的空间，营造出祭祀的神圣感。影片采用手绘动画的形式，分三幕展现江水倒灌、暴雨洪涝造成的家园破坏，阳光、火焰是生命复苏与聚落重建的力量，先民对火的祭祀活动等情节。观众通过沉浸式剧场的氛围与影片内容，能直观感受到先民尚火信仰的由来，以及二元对立哲学的形成（图3-69）。

图3-70　杭州湾形态变迁多媒体演示

（四）助力阶段性内容的动态演示

钱塘江是浙江的母亲河，浙江早、中期新石器时代遗存基本都分布在钱塘江流域，特别是钱塘江南岸的河谷地带。从地理上说，跨湖桥遗址所在地区可以直通杭州湾，湘湖实际是远古海湾的一部分。在气候变化的作用下，水位高低直接影响了先民的生存状态。跨湖桥文化的兴起与衰亡，都和水有很大的关系。

为了展现跨湖桥文化的"来"与"去"，我们设计了多媒体影像，展现杭州湾历史上从全新世到如今的形态变迁（图3-70）。在气温较低的时期，海平面处于跨湖桥遗址之下，跨湖桥先民于是来到河滩组建聚落。但是随着气温升高，海平面上升导致潮水溯江而上，进入杭州湾。杭州湾喇叭口形的特殊江岸结构使得潮水易进难退，大量潮水涌入时，只能后浪推前浪。一浪叠一浪的海水潮涌而入，淹没了近海平原。如此灾难性的海侵破坏了跨湖桥先民的生存条件，跨湖桥、下孙遗址整个被大潮淹没，最终导致跨湖桥先民离开家园，走上了迁徙之旅。将近1000年的杭州湾入海口变迁史，在多媒体展项的演示下，清晰地展现出每个历史阶段的形态，让观众充分理解了跨湖桥文化的环境背景与宿命般的历程。

（五）助力流程类信息的完整呈现

跨湖桥先民在陶器的烧制技艺上处于比较原始的阶段，基本采用了平地堆烧的烧制方式。在平地堆烧的基础上，给陶器蒙上新鲜的树枝和木片，再在树枝和木片外面涂上泥巴，形成一个较为封闭的烧造空间，以便在烧造的过程中保持温度的均匀，学术上称为薄壳窑。作为有窑烧成阶段的早期形式，薄壳窑充分体现了先民的智慧。这种薄壳窑在如今已经非常少见，仅东南亚、非洲一些国家及我国云南等部分地区还在使用。为了让观众详细了解薄壳窑与平地堆烧的过程，我们采用了裸眼3D的表现手法：在薄壳窑剖面模型实体上叠加全息影像，将陶器的烧制流程逐一呈现在观众眼前。工艺流程类信息的多媒体手法除了在薄壳窑和平地堆烧上使用外，还运用在钻孔工艺、纺织工艺等内容的展示上，效果非常好（图3-71）。

（六）助力展示氛围的营造

史前先民的生活图景可以通过创作绘画、动画等手法再现，但前提是要有足够的考古成果作为学术支撑。跨湖桥先民并没有遗骸出土，所以先民的样貌体征都无从考据，许多生活细节也受到学术支撑上的限制。所以，我们决定模糊化处理这些细节，在情节流畅的情况下通过艺术化的影片予以呈现。我们设计在河谷村落展区播放拍摄制作的影片《8000年前的跨湖桥生活猜想》，后期采用粒子化特效将影

图3-71 薄壳窑平地堆烧多媒体展示

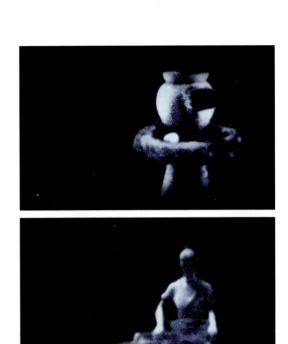

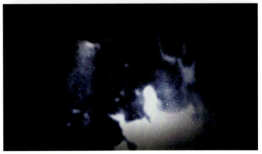

图3-72　《8000年前的跨湖桥生活猜想》多媒体影片

片处理成具有虚拟感的艺术效果（图3-72）。影片不仅使跨湖桥先民的生活画卷动态呈现在观众眼前，而且充满了史前文化的神秘感，还为展示氛围的营造大大加分。

（七）助力可持续的内容拓展

随着考古发掘工作的持续，跨湖桥文化涵盖范围逐步完善，目前已发现的遗址遍及宁绍、金衢、台温多个地区。遗址点的数量与资料不仅体量大，且将来必然会进一步增加。考虑到展示体量大和后期拓展这两大要求，我们采用了多媒体触屏查询展项结合点位图的方式，在有限的空间内将大量的考古成果进行了全面的展现，并且十分方便今后进行信息拓展与更新（图3-73）。

尽管数字化展示手段具有一定优势，在博物馆展陈中越来越普及，也得到了广泛的重视，但我们也要审慎使用，警惕多媒体展项滥用的危险。形式必须有效地服务于内容，而不是一味追求"高大上""声光电"；同时也要考虑到数字化展项本身较高的造价成本和后续维护费用带来的沉重负担。

图3-73 跨湖桥文化分布多媒体

六、上下求索复斟酌——挑战与对策

展陈策划设计过程中的挑战有很多，团队在不断试验和反复斟酌中找到了相对合适的对策。我们将从空间利用、脚本编撰、展项设计、施工工艺、展览宣传等多个方面，向大家真实呈现从发现问题到解决问题的过程。

（一）扩容扩出一堆难题

展览开放后，行业内外对于序厅多有褒奖，比如中心柱改造为展标造型的巧思、雕塑的视觉力量感、序厅的整体包裹氛围等。整个空间的设计过程几经波折，克服了不少困难。

提升前的展厅布局是观众上至二楼沿着宽敞的走廊向前，进入左手边的展厅序厅。这个布局具有很好的观众吸纳能力，可以应对节假日参观高峰人流压力（图3-74）。本次改造为了增加展览面积，将走廊纳入了展厅空间，因此观众上至二楼后会直接进入序厅。如果序厅空间过小，就很难满足不断涌入的人群体量，扩容势在必行（图3-75）。

但扩容需要解决结构柱与空间整体关系的难题，如果采取包裹结构柱的方式来设置序厅主看面墙，可以有效隐藏柱体，但只能进行左右空间的延展。这样做虽然放大了空间容量，但主看面墙体与入口间距过短，在视觉上显得逼仄。要想得到相对大的进深视效，唯一能做的就是将主看面墙体向后退。可是这样做的后果，是暴露出的建筑结构立柱犹如一根枯木矗立在序厅的中央，给设计带来了很大的难题。

图3-74 提升前的展厅入口（上）
图3-75 提升前的展厅序厅（下）

　　吴健馆长听取了利弊分析后，经过反复研判，要求设计在满足人流量需求的前提下坚决不能放弃对视觉舒适度的追求。吴健馆长在给出要求的同时也给出了一些解决方案的思考引导，比如在亟待解决的中心立柱设计难题上，他给出了"凸显独木舟这一重要文物，契合勇立潮头核心展示精神"的思路。在此思路指引下，设计以独木舟与海浪搏击为灵感，进行了元素重构。展标有意识地顺势变形，体现出整体的动感与张力，在雕塑背景的环绕映衬下，展标造型犹如一座文化丰碑，形成了展览开篇的第一道亮点。

　　在设计执行的过程中，设计师确定这个造型体应该呈现一种倾斜的形态，但具体倾斜到什么程度，无法在纸面上得到非常肯定的答案。于是我们决定在现场进行轮廓模拟实验，进一步明确展标造型比例尺度、倾斜角度的控制参数。

　　吴健馆长是一位造诣颇深的书画家，具有较高的审美能力，因此我们也邀请他作为专家参与现场试验。我们用钢管做参照物，选取六个角度的切斜组合试验，最终选定了最佳方案。紧接着我们又对海浪造型进行了三、四、五片组合及俯仰角木样试验，还对展标字的大小、厚度、组合关系做了泡沫字试验，最终达到了如今的效果。中心展标柱与雕塑的组合关系，也在具体实施前整体做了一次 3D 打印模拟，琢磨出了较为合适的方案。这种试验手段不仅在序厅多次使用，更延伸到了后续的多个展项，通过试验可以检校问题，规避时间和经济上的浪费，具有极好的效果。

（二）在实验中摸索前行

　　跨湖桥遗址原址保护厅是一个长径 40 米、短径 30 米的梯形锥体空间，因身处水下，由外层防水墙及内层保护墙环绕。遗址区偏中心位置原址保护陈列着 8000 年前的独木舟。栈道环绕在其周围，并对其他遗址区块进行串联

图3-76　提升前的遗址厅

（图3-76）。本次改造秉承"最小干预保护、最大限度利用"的原则进行展示内容的植入与拓展。原本环绕遗址的高达十余米的保护墙墙面上留存着第一次建馆时创作的一系列反映跨湖桥先民生业形态的浮雕作品，雕塑的质量不高，仿铜的材质也与史前文明主题的语境不协调，设计师和馆方一致同意拆除这些浮雕。

　　也许因为习惯了这些浮雕的存在，突然去除后整个墙体空荡荡的，于是设计师萌发了利用这面巨大的环绕形态墙体开展设计的念头。虽然现在的遗址因为湘湖复湖建设的原因处于水下7余米的位置，但独木舟所在的地面却是8000年前跨湖桥先民栖息生活的家园所在。考古报告研究成果显示，当时周边巨木林立，生机盎然。虽然现在是在一个完全密闭的"罐子"里，站在展厅中央，闭上眼睛冥想，仿佛可以看到风吹过山林、水鸟飞翔、动物奔跑及孩童嬉闹的景象。由此引发了利用这些高墙绘制一幅巨型环幕壁画的创意，让静止的空间焕发新的生机。设计师曾在德国柏林参观过一个利用绘画表现东西德国生活形态的半景画馆，视觉上极为震撼。但那个场馆空间远不如我们的遗址厅的空间形态好，遗址厅可以说是一个得天独厚的全景化场馆。我们在兴奋之余又不免失落，主要是遗址厅改造整体费用只有 160 万元，要涵盖连廊通道改造、整体栈道改造、栈道护栏改造、增加五个段落的展示内容，应对这些已经捉襟见肘。经过仔细计算，采用写实绘画手法完成 1000 平方米墙面的绘制，预算费用根本无力支撑。如果采用平面剪影式的绘制手法，设计师与平面工作人员一起创作，费用是能满足的。因为是以色彩的明度进行叠加处理，我们的油漆工也能满足绘制条件。权衡之后我们进入了创作及论证阶段，但在论证时还是产生了各种忧虑。最集中的问题是这种方式在其他遗址馆没有使用的先例，这种进行环境衬托的手法是否会喧宾夺主？因为墙面过于巨大，电脑演示图实在无法满足对真实效果的预判。后来我们通过一台 10000 流明的投影机，在现场进行了等尺寸的投影试验，总体效果比较理想。但后续仔细权衡了这种突破的风险性、现场施工对于遗址保护的干扰、开馆日期的紧迫性，最终还是放弃了这个计划。把缺憾留在心中也是一种纪念。

（三）万分纠结后的选择

    试验是个好的路径，但在试验中进行合理的判断和选择靠的是设计师多年工作经验的积累，以及审美能力的积淀。展陈设计存在着浓厚的艺术创作气息，很多尺度的把握往往靠的是技术与艺术结合的实践能力。失之毫厘虽然不至于谬以千里，但的确会存在缺憾。

    例如序厅的雕塑设计，环绕主看面以跨湖桥先民创造的七个"之最"作为

图3-77　序厅雕塑创作手稿

表现内容，使用雕塑语言表现是早期既定的方向，但如何组织雕塑语言却令我们煞费苦心。我们尝试过以立体文字配合浮雕图形表现的形式，觉得过于直白；尝试过以满墙浮雕进行表现的形式，觉得过于单薄；尝试过以体块化搭接组合表现的形式，觉得过于生硬；尝试过将以上几种手法组合搭配，觉得凌乱……最终我们决定采用浮雕与圆雕组合的形态，整体造型以浪潮为牵引，契合"勇立潮头"的主题，把浮雕与圆雕进行连接，把事件与精神贯穿其中（图3-77）。

　　雕塑的创作与制作过程更是一波三折。雕塑包含了两方面内容：一方面要以浮雕的形式表现跨湖桥文化创造的七个"之最"，展现先民伟大的创造力；另一方面要以圆雕的形式体现先民勇于与自然搏击所呈现出的百折不挠的奋斗精神。

　　内容的构成确定了，内涵诉求确定了，但在表现风格上又是多番周折。为了凸显先民抗争者、弄潮儿的力量感与精气神，设计团队与馆方设定整体表现风格为造型粗犷、富有张力的意象型雕塑。当雕塑泥稿完成后，整体的感受很令人震撼，圆雕部分的人物有一股子"倔"劲，正是我们想要表现的那种精神面貌。但在浮雕部分出现了一个没有预判到的问题。因为有七个"之最"的内容要表现，还要融合到浪潮造型中，这七个"之最"的体量不能做得太大，雕塑家对于人物动势的张力感表现十足，但因为要"粗犷"、要"意象"，表现内容的可识别性降低了，会影响普通观众进行理解。我们考虑到有大量的观众是不会去请讲解人员进行讲解的，应该以这类人群的理解力作为最低传播标准。于是我们下定决心要改变设计方向，整体风格由意象转为具象。雕塑院的老师多是中国美院毕业，有着极高的写实造型能力，如果说意象雕塑需要很强烈的艺术表现能力，那具象雕塑对于他们来说要相对容易得多。当修改后的整体面貌呈现在我们眼前的时候，我们都觉得很完美了，有宏大的气势，也有丰富的细节，只需对一些考古研究成果的表现进行校正完善，就可以进入翻制阶段。

雕塑的表现力十分强烈，但我们意识到这版雕塑并没有呈现出"见山不是山，见水不是水"的效果。我们关注了对观众传播的辨识度问题，却偏离了序厅的身份价值。序厅在对展示内容和历史背景进行高度概括表现的同时，更应该塑造出一种独特的气场或者气质，也就是通常说的"精气神"。第一稿雕塑呈现出了这种气质，只是因为浮雕部分形象辨识度太低才进行了调整，其实可以保留圆雕部分，只对浮雕部分进行细化即可，我们矫枉过正了，把诗歌写成了说明文。应该让圆雕依旧以意象手段进行塑造，浮雕部分在此基础上略做体块化表现。然而，我们又面临一连串的难题：雕塑院是否愿意修改、工期是否来得及？

最后在多方协调之下，我们完成了雕塑的修改，达到了满意的效果。展陈实施过程是多个专业团队协同作战的过程，与一个有追求、有情怀、有包容心的团队一起作战，是一段无比美好的历程（图3-78）。

客观地说，这个序厅空间凝结了设计师、工程师、雕塑家、业主几方的努力，是保障公共空间需求前提下的妥协与创造的历程，是雕塑作为公共艺术表现尺度探索与研判的历程，是经济效益与文化情怀碰撞与取舍的历程，是不同角色为了各自承担的责任与目标努力前行的历程。这种纠结、痛苦、欢喜的过程是一个优秀的艺术作品产生的必经之路。

图3-78　雕塑的制作与修改现场

（四）被动情况下的创造

在遗址原址保护厅的设计之初，因为秉持保护为先的原则，前期设计比较保守，只是在原有栈道边缘做了斜面看板式设计。但这种展示形式单一乏味，我们不得不寻求适当的展示空间扩容，以更好地达成展示效果。

经过设计团队与馆方内部论证，我们制定了方案，合理利用核心遗址区外围发掘完成区域、采用钢结构凌空横架式工艺的施工方案，让新的展示空间一端与墙体连接、一端与现有栈道连接，不对土壤进行下挖，不进行湿式作业。

经上级主管单位审核批准，我们扩容出两个平台空间，使展示手法有了多样化的条件。尽管如此，空间依旧是很有限的。初步设计做了延墙式展示布局，起初我们判断在增加了如此多的立面展示面积的情况下，应该可以承载得了展示内容。但随着文本大纲的逐步完善，我们发现展示内容的体量超出了我们的预期，而我们预设的这种立面式布局对于承载展示内容有很大的体量局限性：在展墙的下三分之一处设置内容的话，观众要弯腰看；在展墙的上三分之一设置内容的话，字号太小了影响阅读。这就导致主要内容都只能集中在一条狭长的中间区域，那么按照常规处理，我们应该对展示内容提出要求——在满足舒适阅读的条件下减少展示内容的体量。可是，展示内容是研究人员多年的心血与实践成果，又具有很强的专业性和科学性，如果因为展墙长度的限制对展示文本进行大尺度的删减，就难以全面、系统地呈现这些最新研究成果。基于对客观存在问题的认知，馆方也在谋求展示内容的调整，但在多种先决条件的制约下，文本一直无法定稿，致使设计工作迟迟无法由初步设计进入深化设计阶段，现场基础工程也不敢贸然开展。随着开馆时间的临近，我们的心理压力不断加大。

另外，本展览的内容 90% 均为文字和图片，虽然想尽办法使用平面立体化转换手法，但做出来依旧会像一个昂贵的平面化墙报展。由此，我们对于展示效果也忧心忡忡。

按时开馆的现实是不可改变的，文本内容的庞大是不可改变的，展示内容在不断调整完善的事实是不可改变的，展示大量文字和图片的情况是不可改变的，唯一能改变的就是设计。打破原有设计，寻求新的可能性已经迫在眉睫。

寻找既一个可以承载大体量内容，又可以快速便捷地进行内容增补删减的载体是关键。静卧在遗址厅中央的独木舟给了我们启发：船就是最好的载体，每次装载的人和货物可能都不一样，在有限的条件下可以装载多种变量，且利用舟船做造型元素更加贴合"中华第一舟"的展览主题。至此，我们终于找到了新思路：为了解决展示内容体量大的问题，我们将船形台以中岛式布置，利用两侧扩充展示空间；为了解决展示内容不确定的问题，在船形台的表面做了大量的螺杆安装锚点，可以根据内容的多少调节展板的数量，调和展板的排列节奏。全金属构件的船形台可以在加工厂制作，与展厅内栈道增设工程同步实施，到时在展厅内组装即可。展板预设了六种规格，与船形台同步制作，可以根据内容随意进行组合搭配，这样的设计大大地节省了工程时间。此外，我们还在船形台上方以船帆造型设计了照明设施，很好地解决了高空照明无法精准聚光定位与灯具安装维修的难题（图3-79、图3-80）。

展示文本大纲准备不够充分的现象是比较常见的，主要原因还在于缺少能够将资料有效转化为可传播型展示文本的优秀人才。这期间即使定稿也会存在着一定的变量。面对这种情况，设计人员不能"等靠要"，需发挥主观能动性，利用自己所学有效变通。

碳测年代

跨湖桥遗址自发现以来，关于遗址年代的争议一直存在，第一次发掘结束后，考古队曾将测年样品送到实验室检测，得到跨湖桥遗址距今8000年的结果，但学术界对此提出不同意见。独木舟通过被发现后，专家对舟体木坯本身进行碳-14年代测定，获得的校正数据是距今8000年，与之前的结果基本吻合。

独木舟碳-14测定表

木桨与桩

图3-79　船形展台展板（左页）

图3-80　船形展台调试（右页）

图3-81　独木舟复原试航

（五）实验考古成果是否进入展厅

遗址厅提升改造大纲编写的过程中，在深入探究这条8000年前的独木舟是否有真实航行能力的时候，我们注意到了一条重要信息。中国远古航海研究者、逆旅海洋文化记录研究工作室发起人周海斌先生，于2015年7月11日利用复原成功的独木舟在福建东山海域下海试航，并取得了圆满成功（图3-81）。这次复原试航从实验考古学的维度，验证了中国航海文明史至少可上溯至距今8000年前的新石器时代。周先生把实验用舟捐赠给了跨湖桥遗址博物馆。我们原计划把这条舟放到展馆外围的水域进行展示，但是最终从信息解读、视觉丰富度角度考虑，提议将它纳入遗址馆进行展示。

然而，用图板结合视频来展示这条复原独木舟是没有问题的，但放入遗址原址保护厅则需要慎重考量。放置在展馆外的湖面上，这条舟的身份就是景观道具；如果将它引入展厅，就需要具有极强的学术严谨性。独木舟的复原程度到底如何，馆方一时也无法断言。当我们看到堆放在库房里一堆零散的复原独木舟部件时，这种顾虑就更大了。

图3-82 实验考古复原独木舟搭建组装

　　带着疑问，我们邀请周海斌先生从福建到跨湖桥遗址博物馆进行了面对面的交流。他们团队从 2013 年开始调研，2014 年 9 月正式复制，寻找原始的工艺材料花费了很长时间。独木舟被发掘出来时残缺不全，可以说只有一个轮廓。为了尽可能还原舟体的真实面貌，他们花了大量的时间精力寻找史料，整个复原调研、试制过程历时超过了 1 年半。复原也是尽可能按照古老的造船工艺，"没有使用任何金属及塑料部件，全部使用木、竹、芦苇、蒲草、山藤等天然材料"，周海斌先生如是说。周先生对于数据烂熟于心，对于工艺的描述严谨自信，并承诺会亲自指导我们的木工班组进行搭建组装。此次交流让我们悬着的心落了地，也下定决心将这条带有单边架的独木舟在遗址馆作为辅助展品进行展出（图3-82）。

据后续观众调查反映，大家对这件展品的评价很高。尤其是看过改造前展览的观众说，这件复原品使他们直观地了解到了玻璃房里那段"木头"的原始模样，由此对先民创造的智慧、探索海洋与未知的勇气无比赞叹与敬佩。

史前遗址主题展览在选择辅助展品的时候，应尽量开展调研与论证工作，以实验考古的方式去推演问题答案是极为有效且重要的。我们庆幸遇到像周海斌先生这样踏实钻研的人，无私地将自己的研究成果贡献给千万观众。

（六）精打细算，保证效果

在综合国力不断提升的背景下，我国博物馆的地位和作用日渐凸显，建设力度不断加强。但即使是在作为经济最发达的省份之一的浙江，也并不是每个项目都会有很充裕的建设资金投入。就跨湖桥遗址博物馆展陈改造面积及其他配套工程工作体量而言，资金配置是偏少的。这就要求我们在资金使用分配上要有合理科学的前置规划，要有一以贯之的总体原则，还要有同舟共济的统一意识。

建设前期，我们结合过往十年积累的经验，提出资金使用的"两倾"原则：一是资金使用向重要设备倾斜，如展柜这类有温度、湿度等文保要求的设备；二是资金向易耗品倾斜，如灯具、投影设备、控制主机等电子设备，此类产品损坏率高，一旦损坏就会严重影响展览。

图3-83　低反射抗弯玻璃呈现出极为优异的展示效果

　　设计初期，展柜玻璃均使用超白玻璃。鉴于遗址馆独木舟保护用房的标段中，玻名堂低反射抗弯玻璃呈现出极为优异的展示效果（图3-83），于是我们决定将主展厅及临展厅展柜玻璃由原定的超白玻璃全部调整为低反射抗弯玻璃。

　　这种调整的后果是成本比原计划增加了很多。为了达到更好的展示效果，在预算有限的情况下，我们对地面材料、墙面材料、办公区装修材料等做了标准调配，对部分原展览遗留的展柜进行检修、喷涂、换玻璃二次利用，对原展厅的空调进行检修翻新使用，对遗址馆原展览遗留的栈道进行翻新使用，对遗址馆的雕塑进行清洗保留等一系列的"省钱操作"，腾挪出低反射抗弯玻璃的资金，为展品提供了优质的展示效果，为观众提供了更为舒适的观展环境。

　　由此扩展出更大的一个话题：展馆提升改造，并不应对上一次展览全盘否定与抛弃。对满足修缮、翻新、改造条件的展具可以进行二次利用，尤其是绘画、雕塑等艺术品，并不是因为时代进步了这些创作就过时了，其中有些甚至具备收藏价值，面对这些艺术品应该谨慎地予以研判甄别。有效的利用原有材料可以节约部分建设资金，尤其是对于地方财政不太充裕的地区，这种资源弥足珍贵。

七、碎碎琼芳皆颜色——幕后花絮

跨湖桥遗址博物馆建馆十年后改陈，经过近一年的准备和磨合，已于 2020 年 9 月 28 日再次精彩亮相。本次改陈经过多次方案评比，多次专家评选，综合多方因素，确定金展桥公司负责实施本次改陈工程。在工程设计、施工过程中，设计团队与施工团队积极与跨湖桥遗址博物馆沟通交流，仔细研读包括《跨湖桥》考古报告在内的资料，在短时间内快速掌握跨湖桥的各项信息，为后续工作打好基础。双方合作愉快，但在过程中也发生了一些无伤大雅的小插曲。

（一）特殊的时期——困难和机遇

2020 年新冠疫情暴发，博物馆纷纷闭馆，跨湖桥遗址博物馆正好闭馆整改。由于疫情，设计团队无法实施其他项目尤其是异地项目，能够全身心精益求精地投身于跨湖桥遗址博物馆项目，对于馆方的"刁难"也更有耐心。当然，疫情也给整个工程带来了施工人员缺乏、人员不能准时到岗的困难。

跨湖桥遗址博物馆自提升改造后，恰逢"考古百年"的机遇，博物馆申报了第十八届（2020 年度）全国博物馆十大陈列展览精品推介活动。精巧的设计和新颖、大气的展览方式，让人眼前一亮。最终"勇立潮头——跨湖桥文化主题展"荣获由中国博物馆协会和中国文物报主办的"第十八届（2020 年度）全国博物馆十大陈列展览精品推介优胜奖"，入选国家文物局评选的 2021 年度"弘扬中华优秀传统文化、培育社会主义核心价值观"主题展览征集重点推介项目。

荣誉的获得有"时势造英雄"的运气，更是对我们跨湖桥遗址博物馆全体工作人员及设计团队努力工作的肯定。

（二）文物的摆放——美观和安全

在文物布展的各项准备中，最大的矛盾就是既要追求展示效果，又要保障文物安全。设计师想要展现文物使用时的状态，打算把漆弓悬挂展示，我们赶紧拦了下来。漆弓经过8000年的时光，已经是捧着都怕掉渣的状态，悬挂展示连支撑点都找不到，对文物伤害很大。最后脆弱的漆弓只在盒子里平放展示，在旁边展柜做了复制品悬空展示。

跨湖桥遗址出土的木铲，是先民们铲土的农业用具，类似现代铁锹。为了体现木铲的实际功能，设计师打算将其竖直摆放，让观众看明白它是如何使用的。但当我们把木铲整框拿出来，看到断成四段的文物，设计师也当场无语，最终只能把木铲安放在定制的盒子里，绑着渔线和大家见面。

设计师通过研读《跨湖桥》考古报告，对于锛柄和石锛的使用方法了然于心，因此提出要把锛柄和石锛绑在一起展示的设计方案。但当我们把锛柄和石锛摆在台子上，看着娇细的锛柄，大家齐齐叹了口气。这个锛柄，不要说绑石锛，就是拿起来都要万分小心。最后锛柄被单独固定在展示板上，石锛被固定在其下方，做到互不影响又相互联系，使用方法一目了然。

从文物展示角度而言，体现其功能和美、展现它自身的故事和背后的价值是基础诉求。但在展示与安全之间，必须保证文物安全是第一位的，不能有丝毫妥协和侥幸心理。

（三）整改的过程——仔细和较真

在本次展览文字校对部分，除了请蒋乐平老师作为脚本编写的指导以外，博物馆发动全体员工定期对上墙文字部分进行逐字逐句校对，并对此多次召开全员大会。在大会上，全体员工每人读一段上墙文字，然后对该段文字进行错别字、语句通顺程度、语言表达准确度等方面的讨论。在员工的"找碴"中，还真找出不少问题，比如湘湖简史中有一句"据《湘阴草堂记》载：'山秀而疏，水澄而深，邑人谓景之胜若潇湘然'，因而得名湘湖。"有人就对"景"和"胜"两字提出异议，认为表达不够准确，设计人员称这部分采自《跨湖桥》考古报告，当即有人搬来书查找，最终发现书中写的是"因山秀而疏，水澄而深，邑人谓境之深若潇湘然"。在"墓葬"这一块，原来的表述是："跨湖桥遗址只发现一座小孩的墓葬。这座墓葬没有确定的墓坑，也没有随葬品，底下填一块木板，可见处置比较随意，被埋在村落中间的房子边上，没有资格进入氏族公共墓地，这可能证明氏族墓地的存在"，在大讨论中将最后一句改为"这可能恰恰说明氏族墓地的存在"。这样的修改举不胜举，但也正是因为这样的较真，使得展览的文字部分几乎没有差错。

（四）"高级"的玻璃——麻烦和效果

跨湖桥遗址博物馆从 2019 年 11 月开始闭馆整修，力求精益求精，在远古神秘的氛围中增加现代感、高级感，为此馆领导多方上报争取资金，为博物馆展柜换上玻名堂玻璃。

这种玻璃高透、低反射，价格不菲但展示效果绝佳。然而这种"高级"玻璃给布展的工作人员、打扫的物业阿姨及参观的观众来了个"下马威"——这种玻璃表面有着极强的静电吸附能力，每次阿姨才擦干净，灰尘们就迫不及待地附着在干净的玻璃上，我们只能祈祷它们均匀分布，不要太显眼就行。

这种玻璃"皮肤娇嫩"，就像是一位高贵美丽又极矫情的"贵族小姐"——高透光、低反射但难打理。擦拭玻璃时不能太干也不能太湿，太干容易划伤玻璃，因此不能用报纸、干抹布；太湿容易在玻璃表面形成水纹大花脸，因此不能用湿抹布，所以娇贵的"玻璃小姐"只能用专用的眼镜布和玻璃水。虽然玻璃贵且难以打理、保养，但是等到擦干净后，你会有感而发——贵有贵的道理。

这位"玻璃小姐"不但矫情，而且还是一名"刺客"，会在你放下防备后对你迎头痛击。由于它太干净透明了，在你不注意的时候感觉不到它的存在，所以在打扫、布展时，打扫阿姨和布展人员撞了好几次，有人还把眼镜给撞坏了。博物馆开展以后，很多参观者没有注意到这些干净透明的玻璃，不知不觉靠近去看文物，然后被"误伤"。很多展柜在闭馆后都留有"撞痕"，我们每天都要进行三次玻璃的擦拭工作，以免影响参观效果。

（五）风好正扬帆——开馆的引展选择

2020 年 9 月 28 日，跨湖桥遗址博物馆重新开馆，外部的舟船造型依旧，内部却已发生翻天覆地的变化，尤其是重新开馆后的引进首展"风好正扬帆：中国古代航海科技展"更是与跨湖桥文化主题展相辅相成。

跨湖桥文化主题展可以说以舟为媒、与水结缘：主题为"勇立潮头"，水下遗址厅的独木舟玻璃房造型为波浪形，时时处处离不开舟和水的元素。"风好正扬帆：中国古代航海科技展"汇聚中国航海博物馆馆藏中国古代航海科技相关藏品 100 余

图3-84 "风好正扬帆"展品拆箱组装

件／套，通过橹、舵、帆、锚、榫钉、捻缝、水密隔舱、逆风调戗、陆标导航、牵星过洋、指南针、航海图等内容，诠释中国古代航海科技的发展成就，讲好中国航海故事，增强航海科技自信，助推航海文化复兴。临展中有一个单元专门介绍独木舟，对于跨湖桥遗址独木舟在中国航海史上的地位和价值更是重点突出，这与跨湖桥遗址博物馆的展示内容相映成趣。

"风好正扬帆：中国古代航海科技展"展示了中华民族探索世界的决心和勇气，跨湖桥文化主题展体现新石器时代跨湖桥先民勇立潮头、战天斗地的勇气和精神，鼓励新时代浙江人争做时代"弄潮儿"，奋力打造艰苦奋斗新标杆。两个展览要表达的精神可以说不谋而合，高度一致。

"风好正扬帆：中国古代航海科技展"在内容上与跨湖桥遗址博物馆珠联璧合、浑然一体，在精神上又和谐统一、相得益彰，作为跨湖桥遗址博物馆重新开馆的临展首选实至名归（图3-84）。

（六）为文物写诗——开馆折页创作

展览开幕之前，我们制订了详尽的宣传计划，涵盖了报纸、电视、公众号、网络直播等媒体。但是最传统也最具代表性的展览宣传册，却让我们犯了难。通常情况下，展览宣传册的功能，就是介绍展览的主题、时间与地点，再详细一点还可以加上展线规划图与文物照片。

可我们始终在思考一个问题，展览宣传册是否还可以做得更吸引人一些呢？

我们站在空无一人的展厅里，端详着一件件文物，想着要怎么介绍这些8000年前的"老祖宗"。文物旁边的多媒体展项提供了一个线索：辅展设计运用了多媒体、互动体验、艺术品等多种途径，来给文物作注解，作用是"让文物活起来"。"活起来"就要激活历史文物资源的生命力，通过活化利用让文物重现璀璨光彩。可这些手段大多是以第三人称在介绍文物，文物自己无法发声。如果聚焦文物本身，让文物可以不借助其他任何媒介，直接向观众诉说自己的故事，不是更能激发观众强烈的好奇心和探究欲吗？这种跨越时空的对话，能够使观众成为历史的"参与者"，而非"旁观者"。

史前文明的文物大多数观赏性不高，功能性较强，以写实的风格来介绍文物是第一直觉。但是依据这样的思路去写，看起来就像是文物的"说明书"，枯燥乏味，且与展厅内的知识点大量重合。于是，我们大胆地尝试了完全相反的写作风格，以诗歌的语言、浪漫的情感、意象的手法为文物们写"小传"。

第一件文物，自然是"立馆之本"独木舟。一首小诗将独木舟的功能、形态、制作工艺与它所折射出的跨湖桥文化精神融于几十个字，精练简洁却能引起情感共鸣。这首诗写完，仿佛打开了灵感的大门，其余几首诗便也一气呵成。于是我们在保留展览基本情况介绍的同时，专开一页放文物小诗。宣传折页在开馆之后得到了行业内外一致好评，有观众表示非常喜欢文物小诗的形式，能够加深对文物的印象，扩大了展览的影响力。

独木舟

刳木万凿，是执着于此

烈火灼身，是涅槃于此

乘风蹈海，是孤勇于此

踏浪潮头，是豪情于此

一槎浮于海，一苇可渡江

心之所向

虽九死其犹未悔

"数卦"刻符

水与火间寻找平衡

天与地中探求生存

巽风过处，湘湖波回

山泽土木，万物有灵

参悟大道至简，天机藏于数符

一笔一画，虔诚刻入木骨

水平踞织机

一纵一横引梭不断

一经一纬交织成画

漫长的岁月中

种种喜怒哀乐

都成故事

不绝如缕

慢轮修整

日月星辰终日轮转不停

女娲抟土撒泥造就世间生机

宇宙洪荒总在旋转中流逝

又在你手中

睁开眼睛

漆弓

骍骍木弓，彤彤有炜

破风千里，一去不回

炫目的朱漆是我的骄傲，也是我紧束的铠甲

一朝羿射九日，今夜星落如雨

玉璜

以玉作六器

礼天地四方

晶莹温润的外表不盈一握

灵魂却可沟通天地

吟诵神灵的乐章

草药罐

万物皆存阴阳

百草各有益弊

是谁在掌握生死

是谁在改写命运

神农的微笑化进苍茫大地

升起一丝清香

家猪下颌骨
收起桀骜本性
放下野性难驯
将锋芒于时间中掩藏
换取乖顺憨样
从此不再流浪

勇
立
潮
頭

Braving the Tide

观 展

郡亭枕上看潮头

一、展教融合促延伸——展览之后的服务

（一）史前学校——属于孩子们的跨湖桥记忆

如何让孩子们拥有属于他们的跨湖桥记忆？我们希望博物馆打造的"部落学校"能够成为孩子们学习的场所和娱乐的空间，因此在环境设计上注重色彩的搭配，以跨湖桥先民赖以生存的古湘湖生态环境作为空间背景，与湘湖的湖光山色相融合。在元素设计上，我们利用卡通人物的设计增强趣味性和亲和力，营造了充满原始生命力的体验空间。孩子们穿梭其中，童趣盎然。我们希望通过这些人性化、合理化的空间设计给孩子们带来愉悦的学习体验，打造一个孩子们愿意停留的空间。

在一个有趣的游戏空间，让孩子们以娱乐的方式去学习知识是符合他们的身心特点的。因此我们提炼跨湖桥文化亮点，设计了整理厨房、修复陶器、狩猎、农耕等具有互动性和体验性的游戏。孩子们通过玩耍的方式学习、体验新知识，体验古人智慧，不断提升认知水平。

孩子们的反应也告诉我们，这个设计打动了他们。每次走到这里，孩子们一探头，就知道这里是他们的专属领地，接着就是眼睛一亮，一番探查后找到自己最感兴趣的，马上沉浸其中。孩子们说虽然陶器修复有点难，但是看着一片片形状各异的陶片在自己手中组成了一件完整的陶器，是一件很有成就感的事情。他们还边做边说，原来考古学家就是这样把那么多碎片拼成一件件精美的文物的，他们要花费多少心力才能让那些文物展现在我们面前！还有孩子说整理厨房游戏帮他们复习了展厅中学到的各类陶器知识，这是游戏，是测试，也是挑战。还有喜欢电子游戏的孩子手里拿着弓箭，激动地说这可比捧着手机

图4-1 狩猎互动游戏

有趣多了。射箭游戏让他们身临其境，小试身手（图4-1、图4-2）。

每次看着那些忙碌的小身影，也让我们感叹，这个地方做对了，跟我们设想的一样，这里是孩子喜欢的地方。不但孩子们必来打卡部落学校，许多成年人也兴致勃勃地参与其中。

我们不仅在让孩子们乐意停留上做文章，还在停留的时间、停留的深度上做文章，不断丰富教育内容。

"中华第一舟"研学课程以馆藏精品——独木舟为主题，以小学4—6年级学生为教学对象。课程从文字溯源，探索"舟"的诞生出发，让学生了解"中华第一舟"的制造、发现和保护过程。最后通过类比学习让学生了解中国在人类探索海洋、

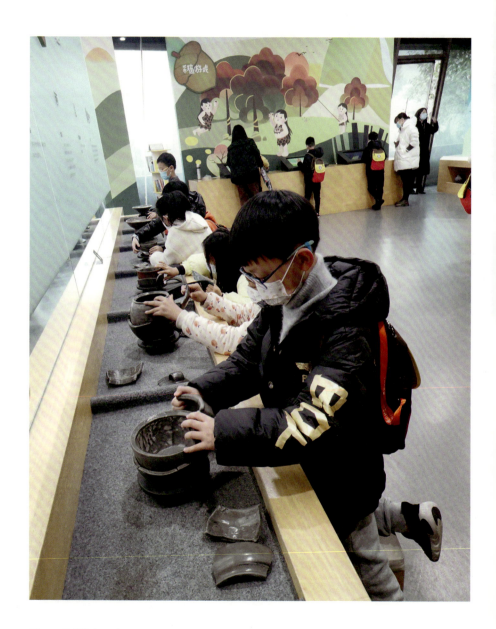

图4-2　陶器修复互动

发现海洋过程中做出的卓越贡献，通过课程学习增强孩子的民族自豪感、文化自信和价值认同（图4-3）。

"跨湖桥祖先的厨房（炊具篇）"研学课程针对低幼儿童，以釜和甑为主题，用动画的形式让孩子们从釜、甑的形态、制作、功能等方面了解跨湖桥文化中的陶器知识（图4-4）。

这些研学课程力求契合学生的知识层次和理解能力，让他们在开展自主学习的同时，提升处理信息的能力、获取知识的能力、分析与解决问题的能力、表达与交流的能力，从而不断提高学习能力与思维品质。

研学课程开展以来，因其有趣、轻松的探究式学习方式深受孩子们的欢迎和肯定。上完课，孩子们聚在一起兴奋地说："原来早在8000年前，我们的祖先已经学会了利用各种工具制作独木舟，学会驾舟远航了，真是了不起。中国不愧是个海洋强国，我们为祖国自豪！"还有的孩子为跨湖桥人拥有那么多的"锅碗瓢盆"感到惊叹，特别是甑的使用更是让他们折服。孩子们纷纷说，千万别小瞧古人的智慧。看着孩子们那一张张激动的脸，我们感到了中华传统文化的魅力。

孩子对知识的渴求是无止境的，已经有很多小朋友向我们表示想要学得更多。接下来，我们将继续挖掘跨湖桥文化内涵，结合跨湖桥文化亮点，进一步丰富研学课程体系构建，将"娓娓道来（跨湖桥遗址水稻课程）""猪的自我修养（跨湖桥遗址家猪）""有房有家（跨湖桥遗址建筑）""胶漆发端（跨湖桥天然漆）"等主题设为开发内容，构建出一套独立、完整、详细的跨湖桥文化课程体系。

要完成高质量的研学课程设计和实施，对工作人员来讲也是一个颇具创新和挑战的过程。我们要在进一步理解和认识跨湖桥文化内涵的基础上找出内在联系，设计出精彩又科学的讲述主题。同时我们还要学会分析孩子们的需求，学习新的教育方式，让他们获取全新的学习体验。而这个过程对我们来讲也是一个自我学习、自我提升、自我突破、自我价值实现的过程。

作为展厅教育内容的延伸，我们还加强社会合作，以生物为主题，开展一系列

图4-3 研学课程"中华第一舟"（上）
图4-4 研学课程"跨湖桥祖先的厨房（炊具篇）"（下）

科学普及活动。孩子们通过学习标本、参与科普小游戏、进行科普小制作等方式学习生物知识。老师在讲解的同时还结合展厅生态环境游戏，为孩子们介绍 8000 年前古湘湖的生态环境，让他们了解当时丰富的自然资源，加深对跨湖桥文化的学习。这些科普活动对孩子的科学意识启蒙、科学思维建立也起着积极的促进作用，也是博物馆实现教育功能的途径之一。

（二）语音导览——让观展更自由、更高效

博物馆作为文化载体，在构建公共文化服务体系中正扮演着越来越重要的角色。人们乐意走进这里，通过博物馆加深对一座城、一个国家的认知。他们不仅想看到文物，欣赏到博物馆的各种设计，更想了解文物背后的故事，更注重深层次的文化体验。

如何让文物"活"起来，让观众获取更多的知识，获得更好的体验感？我们注重展板文字的语言转化，力求通俗易懂，做到既翔实又精要。但与静态的文字导览相比，人们更乐于接受语音导览。他们可以边听边看展，更加轻松、愉悦、自由。

人工讲解是语音导览的形式之一，它在个性化服务上有着不可替代的优势，但在人员和语种上也存在着劣势，不能满足观众多样化的需求。因此，随着经济和科技的发展，电子导览系统作为人工讲解的有力补充，更能满足观众个性化观展需求。

我们在提供免费人工讲解的基础上，开发了自助电子导览系统，这也是缓解人员紧张、提高服务质量的重要途径。我们与专业团队合作，在把握展览主旨的基础上，以展厅章节为脉络，精选重点文物、反复推敲讲解内容，做到主次分明、简洁生动。目前我们推出了中文、英文、韩文、日文四种语言的导览，满足不同观众的需要。我们对朗读者的语言水平也进行了几轮筛选，力求做到发音标准。

自助式电子导览系统推出后受到了观众的肯定。它给观众观展带来便利，观众可以通过耳机收听，也可以小范围外放，满足小团队的观展讲解需求。电子导览系统的使用也使观众的观展更加自由、高效。他们可以自主选择观展路线，对有兴趣的观展内容也可以反复倾听，既不会影响他人，也避免了外界的干扰。

但目前我们的电子导览系统还存在着一定的缺陷：是版本单一。我们的版本针对的是普通观众，对专家来讲可能略显通俗，而对孩子们来讲又略显专业，因此今后将在这方面继续开发，满足不同人群的需求。二是操作也不够简便，我们的导览需要手动输入数字，才能听到相应的讲解。如使用感应式讲解，将会大大提升观展的体验感。

当然对观众来讲，简单的文字、语音等单向输入方式可能也满足不了他们的需求，他们会期待更多、更新的传播方式。我们可以将图像、动画、声音、文字等结合起来，打造新的导览模式，从观众的视觉、听觉、触觉甚至是嗅觉着手，对展示内容进行整合，以观众的需求作为落脚点，构建观众感兴趣、容易理解的知识体系，不断丰富展示内容，提高展示效率。

二、思潮涌动激火花——来自社会各界的评价

一个展览项目的完工并不意味着这个展览的完成，它还需要接受观众及各类专业目光的检验。观众会如何评价我们的展览？小朋友喜欢来"部落学校"吗？博物馆同行们参观后的反馈如何？各位业界专家学者又会怎样点评？只有获得

了社会的认同，展览的价值才能体现。接受社会各界的评价是一个展览项目完工的最后一步，也是展览发挥社会价值的第一步。

（一）观众反馈

"跨湖桥文化主题展"推出后，我们收到了社会各界的评价。首先，在展陈空间方面，观众们大多认为节奏合理、契合展示内容，同时对序厅的雕塑及展标设计印象深刻。如"展厅不算大，但感觉内容丰富充实，这和空间的处理应该有关系，有物理区隔，有视觉联系，颇得苏杭漏窗借景的玄妙"，"跨湖桥文化主题展序厅从主题出发，传达的是勇立潮头、勇毅前行的精神内核，因此在序厅设计将主题文字与海浪艺术装置结合在一起，既有现代设计的艺术美又兼顾了历史的厚重。背景是气势磅礴的主题浮雕墙，与艺术装置相呼应"。这样的认真分析，让我们非常感动。

其次，比起展厅空间，展陈内容的体量是相当大的。我们设置了分层传播体系，以方便观展时间有限的观众也能获取完整的观展体验。尽管如此，还是有许多观众十分耐心地看完了每一级别的信息。"内容体现了考古工作者对主持发掘工作的热爱和学术理解。如何把学术研究成果转化为视觉形象，设计者认真做了功课，对考古成果类展示做了创造性呈现。没有大的考古工作复原和古人生活复原场景，给学术表达和观众想象留了'白'。展览信息处理颇费心思，有重要出土物件'前世今生'的功用演示，有多级信息展板的错落表达。"

成年观众在展陈中收获颇丰，未成年观众也在展陈中找到了自己的乐趣。"这个馆本身就蛮好逛的。先上二楼看跨湖桥文化主题展，布展形式丰富，投影、VR、动画、互动屏都有，还能实操一下砍树，非常适合儿童。看完千万别忘了去地下遗址展厅！一进去就被'萧山八千年'五个字镇住，栈道上灯光星星点点，很美！走下去还有独木舟主题的展示。从遗址展厅出来还可以去部落学校。磁力片陶器复原小朋友都喜欢，一溜六七个谁也不用抢。拿木头农具划拉海绵块池的活动也很受小朋友欢迎。"

观众们对于本次改陈提升，也有很多细节的感受，比如："展览内所有的多媒体风格鲜明，界面设计始终如一。蓝色系的界面很有湖水的深邃，每个待机界面都是剪影手绘风格的画面，画面内容紧密贴合展示内容，还颇具细节。一看就是经过了周到的考虑，设计制作得十分用心。所有的触屏设备、互动操作平台、展台等，高度都十分适宜，而且配有安全扶手，是很好的无障碍设计了。既能满足低龄观众的参观互动需求，也方便了轮椅观众等。由于我最近在关注博物馆／展厅无障碍的实践，而国内展馆恰恰在此方面还是空白。因此看到这样周到的设计，必须给馆方和设计方一个大大的赞。一个实力优秀的展览，能够在无障碍方面做一点哪怕是很小的推动，也能带动行业内很多展馆来思考并效仿吧。"

综合不同群体观众的反馈，大多数都是对我们的鼓励和表扬，给我们的工作带来了新的积极性和成就感，也鞭策我们在今后的工作中更好地为观众服务。

（二）媒体聚焦

2020 年重新开馆之初，60 多家传统媒体和新媒体对"跨湖桥文化主题展"进行了多角度报道，传统媒体共报道 28 次，新媒体共报道 151 次，其中包括文化和旅游部《文化月刊》的专版介绍（图 4-5），新华网英文版（图 4-6）、新华社日文版（图 4-7）的聚焦。

国家级文化类核心权威期刊——《文化月刊》发布了 2 个整版的报道《湖畔明珠 再次耀目——跨湖桥遗址博物馆升级改造后重新开馆》，详细介绍了升级后博物馆的几大亮点，新颖的设计风格和浓厚的文化积淀融为一体。报道

图4-5　国家级文化类核心期刊《文化月刊》发布2个整版报道

评价："升级换代后的跨湖桥遗址博物馆，将会为广大观众提供一个更有文化气息、更具生活品质的文化阵地，也将为博物馆今后更好地推动本土文化建设提供范例。"

　　《中国文物报》第4版发布"勇立潮头——跨湖桥文化主题展"专版报道（图4-8），以全版的幅面详细介绍了改陈后的跨湖桥遗址博物馆。

　　受到这么多主流媒体和自媒体的关注，我们倍感荣幸。我们将继续扛起加强跨湖桥文化保护和传承的使命担当，不断发展、求新求变，让"勇立潮头"精神不断延续！

图4-6　新华网英文版报道

图4-7　新华社日文版报道

图4-8　《中国文物报》专版报道

（三）高度评价

中国博物馆协会理事长刘曙光在第十八届（2020 年度）全国博物馆十大陈列展览精品推介活动结束后特意提到，获得"优胜奖"的杭州市萧山跨湖桥遗址博物馆"勇立潮头——跨湖桥文化主题展"这次未能列入前十名比较可惜。他评价，作为一个区县级博物馆，把史前考古成果的展览办得唯美、好看，是很不容易的，这个展览赋予了史前遗存更丰富的表现力，影响力颇大。但同样来自杭州的中国丝绸博物馆的"众望同归——丝绸之路的前世今生"也很优秀，他认为："两个都很好，评委们左右为难，纠结不已……这就引出一个问题，今后我们可不可以增加一些奖项，让类似的遗憾减少一点？"

本次展览能成为刘曙光理事长心中此次评选的一大遗憾，也是对我们展览的另一种高度评价了。

勇立潮頭

Braving the Tide

结　语

长风破浪会有时

一、收获颇丰

"勇立潮头——跨湖桥文化主题展"荣获第十八届（2020年度）全国博物馆十大陈列展览精品推介优胜奖和2021年度"弘扬中华优秀传统文化、培育社会主义核心价值观"主题展览重点推介项目前20项的殊荣，实现了浙江省区县级博物馆陈列展览同时获两项国家大奖零的突破，书写了萧山文博历史新篇章。

此次陈列提升改造能够取得以上成绩，主要有以下原因：展陈设计施工团队专业化程度较高，对项目高度重视，中标单位人员组织保障力度空前。他们通过馆方引领学习和自主探索，认真消化从遗址发掘成果到博物馆建设发展过程的海量信息，认真破解如何对专业艰深的知识进行有效且有趣传播的难题，将传播意识与观众意识放在第一位。同时经受住了疫情考验，安排设计骨干长期驻扎施工现场，实时对接调整设计思路。据不完全统计，文本大纲编写修正12次，设计方案调整10次，雕塑创作改稿6次，沙盘模型、多媒体展项创作调整9次。通过一次次的修改、一次次的完善，把学术研究成果转化为视觉语言，对传统考古成果类展示做了创造性呈现，以今见古，以古知今，从而打造"好看、好玩、好懂"的精品陈列，堪称史前遗址博物馆展陈的优秀范例。

博物馆陈列提升改造工作领导小组和各部室工作人员精益求精的责任意识是此次改造工作的组织保障。此次策展从跨湖桥文化中提炼总结出"勇立潮头"主题，定位准确，对陈列提升改造工作的开展指明了方向。作为区县级史前遗址博物馆，博物馆开馆时即树立了明确的发展目标——文物保护、藏品研究、陈列展示、社教服务均衡发展。经营十余年，博物馆成果斐然，顺利完成了五大文保工程、四大省级课题，连续召开了十一届以遗址保护和文化研究为主题的跨湖桥文化学术研讨会，为博物馆陈列提升改造打下坚实基础。

　　经过 270 个日日夜夜的磨合，我们以引领学习与自主探索同步、科学严谨与艺术美感统一、直观可视与想象空间兼顾、观展趣味性与价值观导向并重为抓手，共同思考如何认识展览共性和应对挑战，怎样提升展览的可看性、感染力；如何应对史前遗址陈列的技术难度，构建可持续发展的展览机制；如何完成从"出土文物展"到"文化主题展"的提升；如何以视觉吸引为突破口、学术成果可视化为路径，达成吸引、探究、思考的传播目标，处理好"我们为什么要做""我们要做什么""我们怎么做"三个问题。

　　同时，跨湖桥遗址博物馆主管部门——浙江省萧山湘湖国家旅游度假区管理委员会对此次改造的重视，是展览成功的制度保障。一方面，管委会将改造资金追加到了 2500 万元，保证了制作质量；另一方面，管委会领导对改造项目的定位和目标有宏观的全局把握，把资金、跨部门协调等后勤服务保障好，秉持"专业的事情让专业人做"的原则，以专家团队的论证为决策依据，让整个团队有了很大的自主空间。

二、改造遗憾

　　当然，在博物馆陈列提升改造深入过程中，对博物馆展示内容的考量受到空间的局限和资金投入的约束，我们做出了很多让步，留下了一些遗憾。

　　作为一个区县级小馆，运营资金使用情况限制了我们对此次改造的投入。随着我们设计思路的调整，在深化过程中增加了多媒体数字技术展项、雕塑绘画艺术品、景观模型场景、光影艺术装置等40余项辅助展品，在展柜玻璃方面全部采用低反射玻璃，改造资金一度捉襟见肘，最后只能抓大放小。

由于博物馆建筑面积有限，只能牺牲一些功能性区域来满足展陈需要，功能性区域不足限制了跨湖桥文化的宣传推广规模。第二课堂（部落学校）、文创商店建筑面积较小，开展大规模宣教活动较为困难，同时第二课堂互动性教育活动项目设计只能相对简单，在体验上无法跟省市级博物馆相提并论。

主题展厅整体灯光设计专业性强、层次丰富，美中不足的是有些灯具隐藏得还不够好。顶部照明与墙面灯箱、灯带的结合不够紧密，但顶部照明基本上做到了见光不见灯，最大限度规避了眩光的可能。另外，遗址厅廊道灯光沿用原有的LED灯设计，点状光源的眩光和碎片化光效容易影响遗址馆的整体展示效果。

三、竣工思考

项目推进过程中出现的施工调整让我们意识到，不仅要确保陈列设计施工效果到位，还要统筹处理好博物馆安防和消防这两个底线问题。同时，要对照博物馆定级考评标准及博物馆等公共文化场所开放的相关要求，明确施工标准。博物馆坐落在首批国家旅游度假区内，是文明城市测评重点复查单位。在改造过程中，曾经碰到斜坡道坡度过大、易滑、缺少扶手等无障碍通道设施问题。我们的上墙文字内容，虽然经过多次全馆人员集中校对，仍存在一些文字规范性纰漏。所以在改造过程中，我们把文明城市创建标准、语言文字规范标准等纳入考量，邀请专业团队把关审核。现在展厅内所有的触屏设备、互动操作平台、展台等设施的高度都十分人性化，而且配有安全扶手，既满足低龄观众的参观互动需求，又让无障碍服务尽显人文关怀。我们此次陈列提升改造的下一步是完成博物馆定级考评工作，所以我们提前了解博物馆定级考评标准中涉及的硬件指标要求，势必将展厅照明设计、报告厅 LED 大屏等内容列入此次改造。

玻名堂玻璃的低反射、高透光率提升了观众的观展体验，但玻璃清洁和防撞问题是所有使用低反射玻璃的博物馆共同面临的难题，值得我们深思。厂家和展柜公司不妨尝试开发语音提示、图像显示等科技手段来解决观众与玻璃的"亲密接触"问题，再从玻璃清洁剂研发入手解决清洁困难问题，这或许也是一种新的市场商机。

在博物馆日常巡查中，经常会碰到在博物馆临展开展前展厅味道重，遭游客投诉的情况。所以我们安排了专业团队对整个博物馆进行了环境治理，确保改造后的室内空气各项指标符合国家标准。同时为提高室内空气质量，我们还引入了香氛系统，净化空气的同时也有醒脑提神的作用。另外，我们每年还安排专业团队定期进行室内空气质量检测。

四、发展愿景

在过去的十年中，跨湖桥遗址博物馆在博物馆高速发展的洪流中，凭借特色专题、遗址原貌、精致陈列堪能够站稳脚跟。在今后的十年里，如果面对那些数万平方米乃至十几万平方米体量的博物馆，跨湖桥遗址博物馆还能如此幸运吗？要想在博物馆事业高质量发展中拥有一席之地，更好地宣传跨湖桥文化，博物馆不能安于现状，要做以下几方面的努力：

　　跨湖桥遗址在全国史前遗址中具有较大影响力，跨湖桥文化是浙江乃至中国的优秀文化遗产，是萧山的宝贵财富，是时代的稀缺资源。跨湖桥遗址作为跨湖桥文化分布核心区和命名地，承担着保护、研究和传承的重大使命，理应拥有更高的展示平台。博物馆可更名为跨湖桥文化博物馆，让博物馆的行政级别与学术地位相匹配，让馆际交流更有效、更便利，为弘扬跨湖桥文化、彰显文化自信保驾护航，或许能让博物馆在新时代的博物馆发展中走得更远。博物馆的空间规模也有待扩大，建设跨湖桥遗址二期是博物馆事业发展的需要。作为新时代的博物馆，体量限制了博物馆日常工作的开展，弊端也会日益显现。数千平方米的建筑面积已经无法紧跟"十四五"时期博物馆发展规划的脚步，需要开辟更多有效的空间来满足遗址考古研究成果转化与文化展示的需求。

　　2021 年发布的《大遗址保护利用"十四五"专项规划》中提出了"提升大遗址展示利用水平""推动国家考古遗址公园高质量发展"两项主要任务。大遗址保护利用已提升到国家战略层面，它在传承弘扬中华优秀传统文化、建设社会主义文化强国中发挥了重要作用。上山遗址、良渚遗址是体现我国一万年文化史、五千多年文明史的核心文物资源，周口店遗址、良渚遗址更是被列入世界遗产名录，这些都是大遗址保护利用的典范。在"十四五"期间如何建设国家考古遗址公园，让陈列在广阔大地上的史前遗址"活起来"，是我们遗址博物馆要重视和攻克的难题，要依托国家政策，团结其他史前遗址博物馆，借力中国博物馆协会，创新思路，探索具有中国特色、符合国情的文物保护利用之路。

　　中国考古学会理事长王巍提出了对中华文明起源的认识："中华文明距今万年奠基，8000 年起源，6000 年加速，5000 多年进入文明社会。"中国人民大学历史学院教授韩建业将"中华文明"定义为中华民族所拥有的"高度发达、长期延续的物质、精神和制度创造的综合实体"。跨湖桥文化时期的农业和手工业相当程度发展，具有先进的制陶技术和纺织技术。跨湖桥先民从对自然的认知中，创生出了朴实真切的审美追求和原始神秘的精神信仰。今后在进一步探究中华文明的起源阶段时，跨湖桥文化或许会是一个重要实证。

　　拥有 8000 年历史的跨湖桥文化，是河口平原型文化的开拓者。跨湖桥遗址是浙江精神源起地的实证，跨湖桥人是钱塘江的第一代踏浪人。我们将秉承浙江先民富有创造力的智慧力量，在"十四五"规划纲要等国家战略决策的推动下，冲破人少地少的桎梏，继续努力打造中国特色、中国风格、中国气派的史前遗址博物馆。

后　记

　　本书是对博物馆基本陈列提升改造工作的回顾和总结，由博物馆陈列提升改造工作领导小组组织编撰。本书内容主要包括展览介绍、策展历程、理念探索、挑战对策、创新思路等。

　　史前遗址博物馆陈列展览特别是新石器早期的遗址博物馆普遍存在文物可看性不强、内容不易理解的通病，所以在展览策划设计上不仅要依据考古发掘、展现研究成果，同时还要重视传播性，突出亮点特点，从而提升展览的观赏性、趣味性、参与性，扩大遗址与博物馆的社会影响力。本书从策展人的角度，对跨湖桥文化主题展览各项工作进行深度解读，介绍陈列展览背后的故事。某种程度上说，本书就像一部"打开的展览"，可以成为社会大众的"观展指南"。希望此书不仅仅是业内策展人员的"专业参考书"，还是文博爱好者的"大众读物"。

　　本书编撰负责人是策展人吴健，书稿统筹是楼卫，文字梳理是展览文案策划周昳纯，各章节由相关人员分工负责：其中第一章由吴健执笔；第二章第一部分展览大纲由蒋乐平提供，其余由谢诗雨执笔，第二部分由周昳纯执笔；第三章第一部分由谢诗雨执笔，第二部分由蒋乐平执笔，第三、四、五、六部分由李长海、周昳纯执笔，第七部分由厉小雅执笔；第四章由沈一敏、俞博雅执笔；第五章由郑伟军执笔；本书图片及展览海报由吴东升设计提供。

　　受编撰人员水平的限制，书中难免存在纰漏和不足，敬请诸位方家批评指正。中国博物馆协会、浙江大学出版社对本书的出版给予了极大的支持和帮助，对此表示衷心的感谢！同时，借本书出版之际，对在跨湖桥遗址博物馆陈列提升改造过程中提供过帮助的单位和领导、各位专家致以诚挚的感谢！

史前遗址博物馆，是宣传弘扬遗址内涵的重要主体，要充分发挥遗址和博物馆的互补作用，打造学术性、知识性和艺术性为一体的"好看、好玩、好懂"的陈列展览，从而更好地展示可移动的"遗物"和不可移动的"遗迹"，讲好遗址故事。通过对此次陈列提升改造的回顾和总结，我们希望能为遗址博物馆更好地做好价值阐释与内容展示积累经验，也为史前遗址博物馆的陈列展览工作起到"抛砖引玉"的作用。